Eva Havenith / Ida Lamp

Und samstags in die Badewanne

Eva Havenith / Ida Lamp

Und samstags
in die Badewanne

Die Geschichte kleiner Leute

Butzon & Bercker

Bibliografische Information
der Deutschen Nationalbibliothek

Die Deutsche Nationalbibliothek verzeichnet diese
Publikation in der Deutschen Nationalbibliografie;
detaillierte bibliografische Daten sind im Internet über
http://dnb.d-nb.de abrufbar.

 verlags
gruppe
engagement

Das Gesamtprogramm
von Butzon & Bercker
finden Sie im Internet
unter www.bube.de

ISBN 978-3-7666-2224-2

© 1995/2016 Butzon & Bercker GmbH, Hoogeweg 100,
47623 Kevelaer, Deutschland, www.bube.de
Alle Rechte vorbehalten.
Umschlagbild: © lynea – Fotolia.com
Umschlaggestaltung: Werner Dennesen, Weeze
Satz: SATZstudio Josef Pieper, Bedburg-Hau
Printed in Germany

„Was den Menschen auszeichnet,
ist nicht, dass er Geschichte hat,
sondern dass er etwas von seiner
Geschichte begreift."

Carl Friedrich von Weizsäcker

Inhalt

Alltägliche Geschichten wiederentdeckt

Geschichte – manch einer verdreht entnervt die Augen und denkt an Geschichtsunterricht in der Schule: Jahreszahlen, Herrscher und Könige, Kriege und Schlachten. Die dann folgenden Prüfungen hinterließen bei den so Geplagten eher Erinnerungen an Druck als Interesse. Andere hatten das Glück, von Geschichtslehrern und -lehrerinnen unterrichtet worden zu sein, die, fasziniert von Vergangenem, spannend erzählen konnten. Andere mögen sich an Geschichten von Eltern und Großeltern erinnern, in denen das Leben früherer Zeiten wieder lebendig wurde; wieder andere werden durch Reisen oder Museumsbesuche Historisches neu für sich entdeckt haben.

Der Zugang zur Geschichte ist vielfältig. Je nach Vorerfahrungen oder Interesse sind Menschen mehr oder weniger offen für die Auseinandersetzung mit der Historie. Da Sie, liebe Leserin, lieber Leser, bewusst zu diesem Buch gegriffen haben, um sich mit

Geschichte, insbesondere der alltäglichen Geschichte Ihrer Lebenszeit zu beschäftigen, gehen wir davon aus, dass Sie schon mit dem „Geschichtsbazillus" infiziert sind. Er veranlasst uns zu fragen: Was war früher? Was war früher anders? Inwieweit beeinflusst dieses Früher unser Heute? Der „Geschichtsbazillus" bewegt Menschen, sich als Zeitreisende zu betätigen, um im Gespräch mit anderen Schätze der Vergangenheit zu bergen und Altes wieder lebendig werden zu lassen.

Was versteht man unter Alltagsgeschichte? Versuchen Sie einmal, alle möglichen Wortkombinationen zu bilden: alltägliche Geschichten, Geschichten aller Tage, Geschichte des Alltäglichen, alle Tage Geschichte … In jedem dieser Wortbilder steckt ein Funke dessen, was mit Alltagsgeschichte gemeint ist.

Geschichte begegnet uns in Menschen, die von früher erzählen. Sie zeigt sich in den Dingen aus alter Zeit, in Dokumenten, die schriftlich und bildhaft Vergangenes bezeugen, in Fotos und gemalten Bildern. Alltagsgeschichte greift auf all diese Quellen zurück, um Geschichte nachvollziehbarer zu machen. Dabei interessiert besonders das Leben der einfachen Menschen, nicht Könige und Dynastien oder Staats- und Kirchenmänner. Um Geschichte so weit wie möglich begreifen zu können, sind Daten wichtiger historischer Ereignisse oder besondere Persönlichkeiten grundsätzlich von Bedeutung. Damit erfassen wir aber nur die *Spitze des Eisberges*. Das Leben der vielen Menschen bleibt bei dieser Betrachtungsweise im Verborgenen.

Es mag sein, dass die Neuwahl eines Politikers, die Vertragsunterzeichnung zwischen zwei Ländern oder gar die Kriegserklärung eines Landes größere Auswirkung und Einfluss auf *mehr* Menschen hat. Aber ist das allein das Leben? Das Leben ist reicher, vielfältiger, bunter. Eine Zeitspanne wird nicht nur von Politikern, Königinnen und Fürsten, Dichterinnen, Denkern oder bildenden Künstlern gestaltet. Es sind die vielen verschiedenen Menschen, die jungen und alten, weiblichen und männlichen, die armen und reichen, die „normalen" und verrückten, die das Leben ausmachen. Wie in einem Puzzle das einzelne Teil wichtig ist, so ist die gelebte Geschichte einzelner Menschen im Gesamtgefüge von Geschichte wichtig – und in jedem Falle interessant.

Alltagsgeschichte versucht, die Lebensbereiche der Menschen verschiedener Schichten zu beleuchten, sich eine Vorstellung davon zu machen, wie sie gewohnt, gegessen oder gearbeitet haben, in welchen Familienbindungen sie lebten und woran sie geglaubt haben.

Das große Problem alltagsgeschichtlicher Forschung ist, dass die Zeugnisse vom Alltagsleben der einfachen Menschen rar sind. Was gab es da schon zu bewahren?

Nehmen wir als Beispiel das mittelalterliche Köln: Über Patrizier und in Zünften organisierte, wohlhabende Bürger finden sich im Stadtarchiv reiche schriftliche Quellen. Bauwerke, wie etwa das Kölner Rathaus, sind Zeugnis und Denkmale ihrer Machtfülle. Kölner Bürgermeister sind von Malern porträtiert und so als Persönlichkeiten der Nachwelt überliefert worden. Das Kölner Rathaussilber als ein Prunkstück des Städtischen Zeughausmuseums lässt Reichtum und Herrschaftsverständnis der Zeit deutlich werden.

Nehmen wir nur diese Beispiele, so erfahren wir vieles über das mittelalterliche Köln. Es sind wichtige, schöne und interessante Zeugnisse der Vergangenheit. Zeugnisse von Menschen, die in ihrer Zeit bedeutungsvoll und reich genug waren, Wertvolles zu schaffen, das als bewahrenswert galt. Wenig erfahren wir allerdings über das Leben der einfachen Menschen.

Erst seit einigen Jahrzehnten gehen Historikerinnen und Archäologen zunehmend auf Spurensuche nach den vielen unbekannten Menschen. Die Abfallgruben mittelalterlicher Städte beispielsweise erwiesen sich als wahre Fundgruben: Es fanden sich dort Scherben, die Rückschlüsse zuließen, welches Geschirr die Menschen benutzt haben. Man fand Überreste von Lebensmitteln, sodass man nachvollziehen konnte, wovon sich die Menschen ernährten. Zerbrochene oder untauglich gewordene Handwerkszeuge, Münzen und anderes mehr sind Bruchstücke vergangenen Lebens, die in mühsamer Kleinarbeit entschlüsselt werden.

Manches Mal können solche Funde in ihrer Bedeutung nicht enträtselt werden, allenfalls können Wissenschaftler Vermutungen äußern. Das Leben einfacher Menschen wurde nicht absichtsvoll dokumentiert. Das, was wir darüber erfahren wollen, erschließt sich meist nur in detektivischer Kleinarbeit oder auf Umwegen. Das macht's aber oft spannend!

Wir wollen bei unserer historischen Spurensuche natürlich nicht bis ins Mittelalter zurückgehen, sondern uns auf die Zeitgeschichte beschränken. Sie umfasst den Zeitraum, der von lebenden Menschen erinnert werden kann. Es geht uns um Spuren, die sich in unserem alltäglichen Umfeld finden, wenn wir nur den Blick dafür öffnen. Das können Fotos, gemalte Bilder, alte Wäschestücke, Handwerkszeuge, alte Schulzeugnisse oder Bauzeichnungen und viele andere kleine oder große Schätzchen in Ihrem Haushalt sein.

Sie können schon immer wohlbehütet worden sein oder, in einer Ecke vergessen, zu Ihrem Erstaunen wieder auftauchen. Es wird manches geben, was Ihnen altbekannt und wohlvertraut ist. Manches wird Sie vor Fragen stellen: Was war das? Wozu wurde es gebraucht? Wie hat es funktioniert?

Wir möchten Sie einladen, sich mit uns auf Spurensuche zu begeben in Ihrem engeren Umfeld, Ihrem Haushalt, Ihrer Familie und Ihrem Freundeskreis.

Wir können Ihnen Anregungen geben, wo und wie Sie nach Spuren suchen können. Sie selbst sind die Zeitzeugen, die anhand von Fundstücken und Erinnerungen Geschichtliches wachhalten. Sie haben es in der Hand, einer jüngeren Generation mitzuteilen, wie es früher war.

Wir Autorinnen wünschen uns, dass wir Menschen fähig werden, als Menschen verschiedener Altersphasen, unterschiedlichen Geschlechts und verschiedener Nationen vorurteilsfrei miteinander ins Gespräch zu kommen. Grundlagen dafür sind gegenseitige Achtung und Wertschätzung und das wechselseitige Interesse aneinander.

Wir hoffen Sie anzuregen, Ihre Geschichte wieder *hervorzukramen* und mitzuteilen. Wir wünschen uns Leserinnen und Leser, die Aspekte ihrer eigenen Geschichte durch unsere Hinweise und Recherchen neu entdecken – Menschen, die durch die Lektüre ein wenig der Alltagsgeschichte des vergangenen Jahrhunderts begegnen und sich eingeladen fühlen, andere zu befragen und sich von ihnen erzählen zu lassen. „Gutes Gedeihen dem Geschichtsbazillus!" sozusagen.

Sie als Zeitzeugen sind Teil lebendiger Geschichte. Sie wissen vieles, was die nachfolgende Generation nicht mehr erfährt und sich auch durch Lesen nicht aneignen kann. Es ist doch etwas ganz anderes, ob ich in einem Geschichtsbuch über den Nahrungsmangel in der Nachkriegszeit lese oder ob mir meine Mutter davon erzählt, dass sie über Wochen und Monate einen Tag „Rübchen", den anderen „Stielchen" gegessen hat. Wenn sie dabei voll Abscheu das Gesicht verzieht, verstehe ich ihre bis heute währende Abneigung gegen Rübenkraut und jeglichen süßen Brotaufstrich und nähere mich eindringlicher einer entbehrungsreichen Zeit.

Wir werden der Geschichte nicht in all ihren Facetten gerecht werden. Nehmen Sie unsere Gedanken und Anregungen als Puzzleteile, die mal mehr, mal weniger in Ihr Lebenspuzzle passen.

Außerdem haben wir, im Grunde recht willkürlich, Teilaspekte der Geschichte herausgegriffen, die wir nicht von *allen* Seiten beleuchten können. Wir beschränken uns darauf, Beispiele herauszugreifen. Wenn wir die Biografie von Klara H. in der Weimarer Republik erzählen, stellen wir Erfahrungen eines deutschen, katholischen, aus kleinbürgerlichen Verhältnissen stammenden Mädchens in den Vordergrund. Ein Mädchen aus einer Arbeiterfamilie würde sicher anderes zu berichten wissen. Wenn die Weißstickerei der feinen Dame aus gutem Hause beschrieben wird, wissen wir sehr wohl, dass es viele Frauen zur gleichen Zeit gab, die sich nicht einmal die einfachste Aussteuer leisten konnten. Wir wissen von den gravierenden sozialen Unterschieden und den damit verbundenen Lebensumständen innerhalb einer Generation und werden dennoch nicht immer darauf verweisen können. Manches wird daher unberücksichtigt bleiben, auch wenn es für Sie von Bedeutung gewesen sein mag.

Lassen Sie sich von uns zur Spurensuche verleiten: Entdecken Sie Alltagsgeschichte! Geben Sie Ihre Alltagsgeschichten weiter an zukünftige Generationen!

Aus dem Nähkästchen erzählt
Museumsstücke im Haus

Vor Jahren überließ mir meine Großmutter ihr Nähkästchen. Da ich gerade meinen eigenen Hausstand einrichtete, freute ich mich über diese Grundausstattung an Nähutensilien. Alles andere als eine tüchtige Schneiderin, holte ich das alte Schätzchen immer nur dann hervor, wenn es etwas zu flicken gab. Dann erfreute ich mich der großzügigen Auswahl bunter Garne, unter denen ich immer eine irgendwie passende Farbe für mein „Flickwerk" fand. Ansonsten fristete das Nähkästchen ein eher unbeachtetes Dasein. Als Erinnerung an meine Oma und durch sein altes Aussehen machte sich das hölzerne Schmuckstück gut in meiner ersten eigenen Wohnung.
Mit der Gründung einer Familie stieg der Bedarf an Näharbeiten deutlich an. Ich kaufte dies und jenes neu hinzu und legte Knöpfe, Gummis, Garn, Reißverschlüsse und was man sonst so braucht zu den anderen Dingen ins Nähkästchen, bis sich

„Aus dem Nähkästchen ..."

der Deckel einfach nicht mehr schließen lassen wollte. So sah ich mich denn eines Tages gezwungen, das Nähkästchen aufzuräumen.

Die Entrümpelungsaktion entpuppte sich schon bald als eine interessante Reise in Großmutters Zeiten. In den Tiefen des Nähkästchens tauchten nicht nur schöne alte Knöpfe, Strumpfhalter, alte Zigarrenkistchen und Pflasterdosen der Marke „Germaniaplast" auf, sondern auch Dinge, deren Funktion und Bedeutung ich zunächst nur erahnen konnte.

Mein Nähkästchen erwies sich als Schatz-
kistchen mit einigen interessanten Objekten,
die aus einer Zeit erzählten, die für meine
Generation schon Vergangenheit ist. Einige
Gespräche mit meiner Mutter, meiner Großmutter und einigen anderen älteren Menschen sowie Recherchen zu den Dingen aus
dem Nähkästchen ergaben Geschichten aus
der Nachkriegszeit und den Fünfzigerjahren.

Von „hochempfindlichen Sorgen-kindern"– Nylonzeiten

Ein ganz besonderes Objekt bewahrte meine Großmutter in einer der erwähnten Zi-
garrenkisten auf: einen automatischen Lauf-
maschen-Aufraffer nebst Nylonfäden in unterschiedlichen Farbnuancen. Das von der
Firma „Weba" als der „vollkommene Laufmaschenraffer" (Modell 50) gepriesene Gerät ermöglichte es, Nylonstrümpfe selber zu
reparieren.
Heute kaufen wir Nylonstrumpfhosen zu
Billigpreisen von 1 Euro und werfen sie weg,

wenn sich eine Laufmasche zeigt. Wie wertvoll müssen Nylons gewesen sein, dass sich eine Generation von Frauen daranmachte, sie zu reparieren!

Aber fangen wir die Geschichte von vorn an: In den Dreißigerjahren des 20. Jahrhunderts wurde zeitgleich in den USA und in Deutschland eine „Wunderfaser" entwickelt, die man in Deutschland „Perlon", in Amerika „Nylon" nannte. Die aus dieser Kunstfaser hergestellten Produkte ersetzten rutschende und kratzende Strümpfe aus Wolle, aber auch solche aus Baumwolle, Viskose und Seide.

Wohlgemerkt, es handelte sich zunächst um Strümpfe, die entweder mit Strumpfbändern getragen wurden oder – später – durch Strapse und Strumpfhalter vor dem Herabrutschen bewahrt wurden.

Die praktischen Strumpfhosen, die nicht mehr Teile des Oberschenkels frei ließen, kamen erst in den 1950er-Jahren auf und waren noch lange Zeit unerschwinglich teuer. In Kriegszeiten wurden „Nylons" wie Gold gehandelt, ein Paar Strümpfe kosteten 250 US-Dollar. Noch in den Fünfzigerjahren kostete ein Paar Perlonstrümpfe 195 DM. Meine Mutter erinnert sich an eine Zeitungsnotiz nach Kriegsende, in der berichtet wurde, die englische Königin habe von einer Amerikanerin zwei Paar Nylonstrümpfe geschenkt bekommen.

Erst nach dem Krieg begann die Massenproduktion der Strümpfe, die für uns heute ein billiges und selbstverständliches Kleidungsstück geworden sind.

Der Siegeszug der Perlonstrümpfe lässt sich durch deren besondere Eigenschaften erklären. Sie waren bequem, elastisch und leicht waschbar. Eine besondere Qualität lag darin, dass sie durchsichtig waren und damit den Blick auf das Bein freigaben. Die erotische Wirkung dieser feinen Strümpfe war Ausdruck eines neuen Lebensgefühls, das sich nach dem Krieg zunächst zögerlich, dann aber in den Fünfzigerjahren rasch entfaltete.

Die schweren Notzeiten während des Krieges und in der Nachkriegszeit waren überwunden. Frauen hatten nach langen Entbehrungen wieder die Möglichkeit, sich schön zu machen. Das nationalsozialistisch geprägte Bild von der tüchtigen, züchtigen Hausfrau, deren Hauptfunktion darin lag, Kinder zu gebären und durch geschickte Haushaltsführung das Bruttosozialprodukt der deutschen Wirtschaft zu unterstützen, wandelte sich. Das Idealbild der verheirateten Frau, die sich ganz Mann und Kindern widmete, blieb erhalten, aber das an Nützlichkeit und *Natürlichkeit* orientierte Schönheitsideal der nationalsozialistischen Zeit verschwand. Eine Frau sollte wieder gefallen, sich für die Männer und aus Spaß an der Freude schön machen. Ein Teil dieser neuen Lebenslust und Ansätze ersten Luxus waren die „Nylons", wie die *Objekte der Begierde* kurz genannt wurden.

Wie bedeutsam der Besitz von Perlonstrümpfen für Frauen war, ist uns erst in Gesprächen mit Frauen deutlich geworden, die diese Zeit erlebt haben. Viele können sich genau erinnern, wann sie ihre ersten Strümpfe bekamen. Soziale Unterschiede verschiedener Familien ließen sich daran nachvollziehen, wann man sich die ersten Strümpfe leisten konnte. Perlonstrümpfe gab es meist nur zu ganz besonderen Anlässen. Sie wurden gehegt und gepflegt. Nichts war so gefürchtet wie eine Laufmasche in den wertvollen Strümpfen, daher die Wendung von den „hochempfindlichen Sorgenkindern", mit der die Firma „Weba" für den Laufmaschenraffer warb.

Meine Großmutter, Mutter von drei Töchtern, reparierte die neuen Beinkleider in akribischer Handarbeit selbst. Wer das neueste Modell „Laufmaschenraffer" nicht besaß, hatte ein kleines, sehr feines Metallteil mit einem Haken – einer Häkelnadel ähnlich –, mit dem die Maschen aufgenommen werden konnten. Trat zum Erschrecken der Dame eine Laufmasche unterwegs ein, zückte sie schnell Nagellack, um das Schlimmste abzuwenden. Der Nagellack verklebte die Perlonfäden und verhinderte ein weiteres Aufriffeln der Masche. Er ließ sich wieder auswaschen, und die Dame von Welt hatte natürlich eher Nagellack als einen Alleskleber bei sich, der es auch getan hätte. In den Fünfzigerjahren gab es eigene Geschäfte, in denen man Strümpfe zur Reparatur abgeben konnte. Vor allem Frauen machten sich mit dieser Geschäftsidee selbstständig.

Eine Gesprächsteilnehmerin bei einem unserer Geschichtsseminare erinnerte sich, dass sie um 1955 10 Pfennig pro angefangene Masche für die Aufarbeitung der Strümpfe bezahlt hat. Also nicht nur ein Lebensgefühl, sondern ein ganzer Berufszweig von Frauen steht in Verbindung mit den Nylonstrümpfen. Als die Preise der Strümpfe nachgaben, wurden die Geschäfte erweitert, indem die Reparatur von weiteren Wäschestücken und Strümpfen aller Art angeboten wurde. Bis in die 1960er-Jahre hielten sich Geschäfte, die gleichzeitig „Annahmestelle für Strümpfe" waren. Heute werfen wir defekte Nylonstrümpfe achtlos weg und kaufen im Supermarkt schnell ein paar neue im Fünfer- oder Zehnerpack. Für sehr teure, zum Beispiel orthopädische Strümpfe gibt es allerdings noch immer die Möglichkeit, Maschen auffangen zu lassen. Allerdings könnte davon allein heute niemand mehr leben oder auch nur ein Zubrot erwirtschaften.

Anregungen zum Weiterdenken

- Welche Art Strümpfe tragen bzw. kennen Sie?
- Wann haben Sie Ihre ersten Nylonstrümpfe bekommen? Wissen Sie noch, wie viel Sie dafür bezahlt haben?
- Was für ein Lebensgefühl verband sich für Sie mit dem Tragen der „Nylons"?
- Wann sind Sie von Strümpfen auf Strumpfhose umgestiegen?
- Haben Sie Strümpfe selbst repariert oder zum Ausbessern abgegeben?
- Nicht nur Strümpfe wurden aus Perlon hergestellt. Es gab darüber hinaus die bügelfreien Nyltesthemden und Helancas ... Was fällt Ihnen dazu ein?
- Der Feind der strahlenden Perlonprodukte war der „Grauschleier". Erinnern Sie sich noch?

An der Wäsche werdet ihr sie erkennen!

Mit dem nächsten Fundstück im Nähkäst-chen meiner Großmutter wird das Rad der Geschichte um einige Jahrzehnte zurückge-dreht. Es handelt sich um eine kupferne Fo-lie, in der die Initialen meiner Großmutter in Variationen ausgestanzt sind, ähnlich wie auf dem Foto. Die Buchstaben unterschei-den sich in Schrift und Anordnung. Wie auf dem Foto sind die Linien der Buchstaben mal fein, mal breit nachgezogen und zusätz-lich in kleinen Kreuzen geprägt. An einigen Initialen befindet sich noch die blaue Farbe der Wäschetinte.

Und damit sind wir beim eigentlichen Sinn und Zweck des Objektes. Mithilfe dieser Schablone konnten die Initialen mit aus-waschbarer Tinte auf ein Wäschestück auf-getragen werden. Nach dieser gezeichneten Vorlage stickten die Frauen die Schriftzüge ihres Namens. Junge Frauen kennzeichne-ten auf diese Weise ihre Aussteuer und be-reiteten sich schon Jahre im Voraus auf die Hochzeit vor.

Monogrammschablone aus Kupferblech

Zur Aussteuer gehörten die Wäsche von der Bett- bis zur Tischwäsche sowie Handtücher, Silberbesteck, Porzellan, Gläser, Töpfe und Pfannen. An Umfang und Güte, besonders der Wäsche, ließen sich Stand und finanzielle Verhältnisse der Braut ablesen.

Das Monogramm mit den Initialen des Mädchennamens zeugte von der vorehelichen Identität einer Frau und ihrem Beitrag zum ehelichen Haushaltsvermögen. Alles, was man nach der Heirat an Wäsche neu anschaffte, wurde mit den Initialen des Mannes gekennzeichnet.

Die Monogramme auf alten Wäschestücken sind danach nicht nur Dokumente besonderer Fingerfertigkeit und Stickkunst der Frauen, sondern auch Ausdruck eines Eheverständnisses, nach dem der Mann namengebendes Haupt der Familie war. Der Brauch, die Wäsche mit Initialen für die Aussteuer zu kennzeichnen, hat sich bis in die Nachkriegszeit gehalten. Er hatte aber längst nicht mehr die Bedeutung wie noch im 19. Jahrhundert. Meine Großmutter hat in ihrem Nähkästchen ein Übungsstück in Weißstickerei von ca. 1860 aufbewahrt. Dieses

Übungsstück, das meine Ururgroßmutter als junges Mädchen im Internat angefertigt hat, ist ein kleines Lehrstück in Weißstickerei. Es zeugt von einer unglaublichen Fingerfertigkeit und von einem uns nicht mehr vorstellbaren Frauenbild.

In sogenannten höheren Kreisen durften die Töchter keine *niederen* Arbeiten verrichten, und deshalb war das Erlernen der Stickerei ein wahrhaft eigener *Lebenszweck*. Getreu dem Motto: „Müßiggang ist aller Laster Anfang", sollten die Mädchen einer gesitteten Beschäftigung nachgehen. Gute schulische Bildung war den Jungen vorbehalten. Die Töchter aus gutem Hause bereitete man auf ihre Tätigkeit als gutsituierte Hausfrau vor, die die wesentlichen Arbeiten ans Dienstpersonal abgeben und sich selbst auf feine Tätigkeiten konzentrieren konnte.

Anregungen zum Weiterdenken

* Haben Sie selber noch Monogramme gestickt oder können Sie sich an andere Frauen erinnern, die ihre Wäsche so kennzeichneten?

- Welche Bedeutung hatte die Monogrammstickerei in Ihrer Familie?
- Kennen Sie das „Paradekissen"?
- Wo befand sich das Monogramm beim Bettlaken und wo beim Überschlaglaken?

So weiß, weißer geht's nicht
Rund um die große Wäsche

In einem großen Haushalt war die Wäsche bis zur Anschaffung der Waschvollautomaten eine Vollzeitbeschäftigung, für die sich eine Waschfrau hielt, wer sich's leisten konnte. Noch zu Beginn des 20. Jahrhunderts wurde große Wäsche nur ein-, zweimal, höchstens viermal im Jahr gehalten. Wer öfter waschen musste, war arm – konnte sich nicht genügend große Wäscheschränke mit entsprechender Ausstattung leisten. Bis in die 1960er-Jahre hinein wurde die große Wäsche dann einmal im Monat in der Waschküche gehalten, die kleine Wäsche zwischendurch in der Küche oder im Bad.
Bis in die 1940er-Jahre war für Frauen und Mädchen der Kittel, die Schürze obligatorisch, die wochentags im Haushalt, beim Schulbesuch und beim Spielen getragen wurde, um die übrige Kleidung zu schützen – vor Verschmutzung und natürlich auch vor Verschleiß. Frauen haben uns erzählt, dass die Schürzen aber auch der Stolz der Mäd-

chen waren. Sie wurden also auch zur Zierde getragen und gaben Auskunft über den sozialen Stand. Keineswegs darf man sie mit der Schuluniform verwechseln.

Leibwäsche wurde in den Familien in der Regel nur einmal wöchentlich gewechselt. Handtücher, Betttücher und Ähnliches wechselte man auch nicht so oft wie heute. Jemand teilte uns mit, dass im Westerwald – bis in die 1950er-Jahre – die Bettwäsche den ganzen Winter über nicht gewechselt wurde. Wohl damit man keinen Schmutz wahrnahm, wurde roter Damast als Bettwäsche benutzt. Man schonte jedenfalls die Wäsche, wo es nur eben ging!

Manche Arbeitsgänge der großen Wäsche kennt man trotz Waschvollautomaten noch heute; andere können sich Jüngere nicht mehr vorstellen. Es gab das Wäschesortieren und Einweichen, das Kochen und Schrubben, das Bleichen, Bläuen und Stärken …

Die einzelnen Arbeitsgänge werden in den verschiedenen Regionen Deutschlands recht ähnlich beschrieben. Die Wäscherei begann, wie auch heute, mit dem Vorsortieren der

Wäsche. Allerdings gab es noch nicht die vielen, vielen Textilfasern: Die Wäsche bestand vorwiegend aus Weißwäsche. Blauwäsche (die Arbeitskleidung der Männer und die Schürzen der Frauen) und – viel weniger – bunt gefärbte Baumwollkleidungsstücke kamen hinzu.

Die Kunstfasern kamen zwar um die Jahrhundertwende vom 19. zum 20. Jahrhundert auf, eroberten aber nur langsam den Markt. Erst 1950 setzte der Synthetikboom ein. Feinwäsche und Wollwäsche wurde, solange es in Haushalten die große Wäsche gab, zusätzlich bei der sogenannten kleinen Wäsche, an Waschtagen zwischendurch, gewaschen.

Eine Hausfrau schreibt 1924 über die Behandlung der kleinen Wäsche (Feinwäsche wie z. B. Oberhemden, Vorhemden, Kragen und Manschetten) in „Monika, Zeitschrift für katholische Mütter und Hausfrauen":

„Ich habe Kragen, Manschetten und Vorhemden niemals zur großen Wäsche in die Waschküche gegeben, vielmehr übernehme ich diese Arbeit selbst, um sie in der Küche zu besorgen. Jede Hausfrau weiß, dass star-

kes Reiben und gar Bürsten – dessen sich die Waschfrauen gern heimlich bedienen – die feine Leinwand der Stärkwäsche sehr rasch verdirbt.

Mein Verfahren ist darum folgendes: Zunächst werden je zwei Stücke mittels eines starken Fadens, der durch die Knopflöcher führt, verbunden, damit später die reinen Sachen weder mit der Leine noch den Klammern in Berührung kommen. Um die Stärke zu entfernen, wird nun alles in lauwarmem Wasser leicht durchgerieben, dann auf den Tisch genommen und mit Salmiakseife tüchtig eingeseift. Die oberen, gelben Ränder sind besonders zu beachten. Die Stücke werden nun gleichmäßig und fest aufeinandergelegt, in ein nicht zu großes Gefäß gepackt und mit warmem Wasser begossen, dass es eben bedeckt ist. (...) Anderntags, wenn der Herd brennt, wird der ganze Inhalt der Schüssel in einen Waschkochtopf geschüttet und übers Feuer gesetzt. Nach längerem Kochen wird man finden, dass die Wäsche vollkommen rein ist (...) Es wird nun noch gespült, gebläut und getrocknet, wie üblich.“[1]

Für die große Wäsche ging es meist samstags zur Sache mit dem Einweichen der Wäsche in Sodawasser. In vielen Familien wurde traditionell das Badewasser vom Samstag zum Einweichen benutzt. Sehr verschmutzte Stellen vor allem der Weißwäsche wurden vorher noch mit Schmierseife – und manchmal mit Aschenlauge – eingerieben.

Eine Errungenschaft war das Einweichmittel „Sil" von der 1878 gegründeten Düsseldorfer Firma „Henkel". Allerdings war es wohl erst einmal „Henkel's Bleich-Soda", das der Star der Waschküchen wurde. „Persil" – 1907 auf den Markt gekommen – war in seiner ersten Verpackung nur 15 Zentimeter hoch und 250 Gramm schwer. Daran kann man bereits ermessen, wie es zur Anwendung kam: Man benötigte viel weniger, weil seltener gewaschen wurde. (Zum Vergleich: Heute wiegt die kleinste Packung 600 Gramm; aber auch Produkte von 10 Kilogramm sind im Handel erhältlich. Mittlerweile schrumpfen die nun konzentrierteren Produkte wieder, obwohl mehr gewaschen wird. Die heute üblichen Waschmittelkonzentrate sollen vor allem helfen, Verpackungsmaterial zu sparen.)

Waschtage begannen oft bereits um drei Uhr in der Frühe. In vielen Fällen ließ es sich nicht vermeiden, dass die Prozedur am Sonntag stattfand, z. B. bei den Bergarbeiterfamilien. Die Arbeitskleidung musste zu Beginn der neuen Woche wieder parat sein (und deren Reinigung wurde erst später tarifvertraglich von den Arbeitgebern übernommen).

Vor der Elektrifizierung des Haushaltes musste, ehe ans Waschen zu denken war, Brennmaterial bereitgestellt werden. Gekocht wurde die Wäsche nämlich auf dem Herd, der meist mit Holz, Kohle oder Briketts beheizt wurde.

Die eigentliche Wäsche begann in den meisten Haushalten am Montag in der Frühe mit dem Vorwaschen. Entweder wurde die eingeweichte Wäsche mit heißem Wasser übergossen und dann ausgewrungen, oder man hielt die Wäsche erst einmal Stunden auf kleiner Flamme. Beim eigentlichen Waschvorgang kochte die Wäsche so lange, bis der Schaum überquoll. Die Wäsche wurde mit einem Holzlöffel, der am unteren Ende verbreitert war, immer wieder in der Lauge bewegt und in dem Topf gestampft. Nach dem Kochen nahm man die heiße Wäsche mit demselben Stab heraus.

In einen anderen Zuber, der auf einem Bock stand, kam ein Waschbrett hinein, und die Wäschestücke wurden nun einzeln gerubbelt. Mit Kernseife wurden hartnäckige Flecken noch einmal nachbehandelt, z. B. mit einer Hand- oder Wurzelbürste (je nach Gewebe) geschrubbt. Dann wusch man die Wäsche erst lauwarm und schließlich kalt aus, bis das Wasser klar blieb. Die Buntwäsche kam nach der Weißwäsche dran. Sie durfte ja nicht gekocht werden und wurde also in lauwarmem Wasser ausgewaschen. Das konnte man, wenn man sparsam war – und das waren die meisten –, in dem Auswaschwasser der Weißwäsche tun. Zuletzt kamen nach der Blauwäsche der Männer die dunklen Wollstrümpfe an die Reihe.

Nach diesem stundenlangen Hantieren mit Wasser und dem anstrengenden Wringen der nassen und schweren Wäsche sahen die Hände der Frauen rotblau, schrumpelig und rissig aus. Ein großer Vorteil war daher die Elektroschleuder, die 1928 auf den Markt kam, da sie zumindest das Wringen ersparte bzw. reduzierte.

Die große Wäsche aber war mit dem bisher Beschriebenen noch längst nicht zu Ende.

Jetzt musste die Weißwäsche zum Bleichen auf der eigenen Wiese oder dem Dorfanger ausgelegt werden. Durch die Sonneneinstrahlung sollte dem Gilb (dem Gelbwerden der Weißwäsche) der Kampf angesagt werden. (Das übernehmen heute chemische „Weißmacher" in den Waschmitteln.)

Bei der Wäschebleiche

Begegnung mit einem Trockenplatz

Wie sehr sich solche Plätze gleichen.
Wie eng verwandt sie miteinander sind.
Gestänge, Stricke, Wäsche, Klammern, Wind
und sieben Büschel Gras zum Bleichen,
bei diesem Anblick wird man Kind.

Wie gern ich mich daran erinnern lasse.
Ich schob den Wagen. Und die Mutter zog.
Ich knurrte, weil die Wäsche so viel wog.
Wie hieß doch jene schmale Gasse,
die dicht vorm Bahnhof in die Gärten bog?

Dort war die Wiese, die ich meine,
dort setzten wir den Korb auf eine Bank
und hängten unsern ganzen Wäscheschrank
auf eine kreuz und quer gezogne Leine,
und Wind und Wäsche führten Zank.

Ich saß im Gras. Die Mutter ging nach Hause.
Die Wäsche wogte wie ein weißes Zelt.
Dann kam die Mutter mit Kaffee und Geld.
Ich kaufte Kuchen, für die Mittagspause
in dieser fast geheimnisvollen Welt.

Die Hemden zuckten hin und her,
als wollten sie herab und mit uns essen.
Die Sonne schien. Die Strümpfe hingen
schwer.
Oh, ich erinnre mich an alles sehr
genau und will es nie vergessen.[2]

Erich Kästner (1899–1974)

Die Wäsche musste beim Bleichen immer wieder mit Wasser begossen werden. Anschließend kam sie noch einmal in die bereits erwähnte „Sil"-Lösung und wurde wiederum ausgespült. Das hieß natürlich, dass sie wieder ausgewrungen werden musste. Und zu Beginn des 20. Jahrhunderts geschah das in vielen Häusern noch von Hand. Einige Haushalte hatten bereits Mangeln zum Auspressen der Wäsche (auch Geräte zum Glätten der Wäsche gab es bereits, die ebenfalls Mangeln genannt wurden). Die Wringmaschinen bestanden im Prinzip aus zwei Rollen, die durch eine Kurbel gegeneinander zu drehen waren. Ab den 1930er-Jahren kamen dann, wie gesagt, auch schon elektrische Schleudern in den

Handel und recht bald auch in die Haushaltungen.

Nach dem Waschen wurde die Wäsche gebläut. Das hat nichts mit der Farbe zu tun! Waschblau ist eine Mischung aus Stärkemehl und Ultramarin oder Indigo – ein Stoff, der ebenfalls den Gilb aus der Wäsche nehmen und sie strahlend weiß werden lassen sollte. Dem letzten, kalten Spülwasser wurde ein Säckchen Bläue beigegeben, die wahrscheinlich auch stärkende Wirkung hatte. Es gab unterschiedliche Qualitäten Blaustoffe, alle mit der Eigenschaft, das Wasser blau zu färben und die Wäsche strahlend weiß zu machen.

Auf der Leine wurde dann getrocknet; bei gutem Wetter draußen im Freien, bei schlechtem Wetter über dem Herd, auf dem Dachboden oder im Keller (wenn man denn betucht genug war, so etwas zu haben). In der Stadt war in den Einzelwohnungen kein eigener Platz fürs Waschen und Trocknen vorgesehen. Aber die Technisierung hatte zur Folge, dass beispielsweise für die Wohnsiedlungen der Bauvereine relativ früh Gemeinschaftseinrichtungen für die Wäsche eingeplant wurden. Im Haus mussten dann Absprachen getroffen werden, wer wann die Waschküche benutzen durfte.

Der Waschtag bedeutete, vor allem, wenn in der Wohnung gewaschen wurde, eine nicht zu unterschätzende Unfallgefährdung. So heißt es beispielsweise in der „Ahlener Volkszeitung" vom 25. Oktober 1919:

„Schrecklicher Tod. Das eineinhalbjährige Kind Paula des Bergmanns Oehl hier, Sattelstraße 76, war in der Wohnung einer befreundeten Familie. In einem unbewachten Augenblick stürzte es rücklings in ein Waschfass, das mit heißem Wasser gefüllt war. Das bedauernswerte Kind erlitt am Rücken schwere Verbrennungen, an deren Folgen es mittlerweile verstorben ist."

Oft gingen die Unfälle natürlich glimpflicher aus, aber die Verbrühungen an Waschtagen sind sicher kaum zu zählen und kommen bis weit in die 1950er-Jahre hinein vor. Noch beim Trocknen der Wäsche konnten Unfälle auftreten. Hier war es dann vor allem Brandgefahr, wenn die Wäsche zum Trocknen über den Herd gehängt wurde.

Manche Wäschestücke, wie z. B. Tischdecken und Bettwäsche oder die Kragen der Herrenhemden und die Schürzen, wurden nach dem Trocknen noch mit Stärke behandelt, damit alles akkurat saß und glatt aussah. Fenstervorhänge und Schürzen wurden mit gekochter Stärke behandelt, der zusätzlich noch etwas weißes Wachs (oder Stearin oder fein geschabtes Walrat[3]) zugefügt wurde. Diese Zutaten sollten der Wäsche Glanz und Elastizität geben. Herrenhemden, Kragen und Manschetten wurden in ungekochter Stärke in kaltem Wasser behandelt.

Wer besonders sparsam sein musste, benutzte selbst gemachte Kartoffelstärke. Das konnte dann auch einmal die Brühe sein, in der Klöße gekocht worden waren. Ebenso wurde Nudelbrühe als Stärkemittel verwendet.

Anschließend legte man die Teile zwischen trockene Tücher, um die größte Nässe vor dem Bügeln herauszuziehen. Nach dieser Prozedur musste dann gebügelt und gemangelt werden.

Eine Mangel war, wir haben das erwähnt, zunächst ein mechanisches Gerät zum Auspressen des Wassers aus der Wäsche. Später dann (und auch bereits zur selben Zeit) dienten Mangeln zum Glätten der Leinentücher. Die Geräte arbeiteten damals nur mit Druck, nicht, wie heute, zusätzlich mit Wärme.

Für kompliziertere Kleidungsstücke mit mehr Ecken und Kanten, Borten und Spitzen eigneten sich die Mangeln nicht, sondern man plättete sie mit erhitzten Bügeleisen: Eisenkörper mit Bügel, in die ein Brikett eingelegt werden konnte oder die auf dem Herd erhitzt wurden. Dieses Haushaltsgerät wurde relativ früh elektrisch betrieben, nämlich bereits ab 1914/15. Das elektrische Gerät hatte den Vorteil, dass sich die Wärme konstanter regulieren ließ. Allerdings waren zu dieser Zeit nur wenige Haushalte bereits mit Strom versorgt und die Produkte längst nicht für jedermann erschwinglich.

Eine ganz eigene Plackerei war das Recken der Wäsche. Akkurat zusammengefaltet und – in noblen Haushalten – mit Wäschebändern versehen, kam die Wäsche dann in die großen Wäscheschränke und -truhen.

„Alles schön auf Kante. Waschlappen, Taschentücher (früher ritsch-ritsch-ritsch mit Kölnisch Wasser). Badelaken noch aus Wandsbek. Indanthren: links Sonne, rechts Regen, in der Mitte ein stilisiertes I.
Die Fächer müsste man mal wieder mit Papier auslegen, weiß mit kleinen blauen Sternen, und zählen, was man so hat. Betttücher, Bettbezüge und die dazugehörigen Knopfstreifen. Auch mal wieder alles durchsehen und flicken.
Was Tante ‚Basta‘ wohl machte? Aus erstklassiger Familie, aber verarmt irgendwie, die hatte immer so schön geholfen. Die gute Alte. Die ganze Aussteuer hatte sie damals genäht."[4]

Walter Kempowski (1929–2007)

Seit der Jahrhundertwende hat sich der Waschtag permanent verändert. Ständig kamen neue Erfindungen auf den Markt, die die anstrengende Arbeit erleichtern und verkürzen sollten.
Seit den 1920er-Jahren gab es sogenannte Waschglocken, die durch mechanischen

Druck die Schmutzlösung vereinfachen sollten. Und etwa zur selben Zeit (1923) wurden freistehende, befeuerbare Waschkessel, die einen Ablaufhahn für das Wasser hatten, gebräuchlich.

Die ersten Waschmaschinen entstanden übrigens bereits im 19. Jahrhundert. Sie dienten allein der Bewegung der Wäsche und waren handbetrieben. Sie bestanden aus einer gelochten Metalltrommel in einem Holzgehäuse. Da sie noch nicht beheizbar waren, wurde das heiße Wasser zunächst einfach in die Trommel geschüttet und die Wäsche in der „Waschmaschine" mithilfe eines Schwengels bewegt. Heute muss man vielleicht schon erklären, dass dazu das Wasser auf einem Herd eigens erhitzt wurde und also hin- und hergetragen werden musste – eine schwere, den Rücken strapazierende Arbeit!

Der Schwengel der Waschmaschine wurde wohl mindestens 20 Minuten gedreht, was die älteren Kinder übernahmen. Die Männer hatten mit der Wäsche so gut wie nichts zu tun. Ausnahmen bestätigen die Regel: So erzählt eine Bergmannstochter aus Ahlen (geboren 1926), dass die Mutter immer ab-

50

passte, wie der Vater Schichtdienst hatte, damit er an der von Hand gedrehten Holzbottichmaschine auch mal drehen durfte.

Die Kinder mussten bei den verschiedenen Arbeitsgängen zur Hand gehen. Dabei gab es wohl eine Arbeitsteilung nach Geschlecht: Die Jungen mussten eher beim Befeuern der Herde, dem Herbeischaffen des Wassers (aus Brunnen), dem Heben des Kessels und der Zuber oder – wie erwähnt – beim Drehen der Kurbel helfen; die Mädchen wurden, spätestens, wenn sie vierzehn Jahre alt waren, in alle Arbeitsgänge eingewiesen. Sie mussten ja für die Mutter einspringen können, wenn diese schwanger oder krank war. Außerdem diente das Erlernen des Haushaltes selbstverständlich zur Vorbereitung auf das spätere Leben als Hausfrau und Mutter.

1923 kamen, wie gesagt, die ersten heizbaren Modelle der Waschmaschine auf den Markt. Die Trommel mit Löchern blieb dieselbe wie vorher, aber nun war außen herum nicht mehr Holz, sondern Zink. Die Bütte, in die die Trommel eingehängt war, konnte auf den Herd gestellt und so geheizt werden.

In die Trommel selbst kamen neben der Wäsche Wasser und Seife. Die Wäsche wurde immer noch per Hand, mit einem Schwengel, bewegt.

Schon bald nach diesem handbetriebenen Modell eroberten sich allerdings elektrische Waschmaschinen den Markt: Miele baute 1930 die erste Ganzmetall-Waschmaschine. Ganzmetall war auch die Voraussetzung für den Einbau des elektrischen Heizkörpers und damit für das Aufheizen des Wassers. Das Bewegen der Wäsche wurde nun von der Maschine übernommen.

Vor dem Zweiten Weltkrieg besaß wohl schon fast ein Viertel der Haushalte elektrisch betriebene Maschinen. Erst in den 1960er-Jahren kamen Wasch*vollautomaten* in die Haushalte, die die Wäsche in der Trommel bewegen, aber auch die Laugentemperatur bestimmen sowie automatisch spülen und schleudern konnten. 1951 war der erste Waschvollautomat auf einer Ausstellung in Hannover vorgeführt worden.

Bis Ende der 1950er-Jahre sind noch gasbeheizte Waschvollautomaten in den Haushalten anzutreffen, doch dann setzt der Siegeszug der elektrischen Geräte ein, und nur noch bei Herd und Heizung kann sich Gas behaupten. „Nennenswerte Verbreitung fanden Waschmaschinen [elektrische Vollautomaten, d. Vf.] jedoch erst in den 1960er-Jahren – Ende der 1970er-Jahre hatten erst 80 Prozent der Haushalte einen Waschvollautomaten."[5] Die Entwicklung war mit dem Waschvollautomaten noch nicht zu Ende. In den 1960er-Jahren kamen die ersten Wäschetrockner auf den Markt. Ende der 1970er-Jahre geriet auch die Waschmaschine zum Hightechgerät, das vollelektronisch gesteuert werden kann. Immer stärker werden nun auch ökologische Gesichtspunkte in die Herstellung neuer Geräte einbezogen.

Waschen (und Trocknen) findet wieder in vielen Haushalten in der Küche oder im Bad statt. Das ist aber kein Zeichen von Armut mehr: Waschküchen sind nicht mehr nötig.

Waschkampftag bei meiner Mutter

Bis weit in die Sechzigerjahre hatte meine Mutter Anna (Jahrgang 1911) keine elektrische Waschmaschine. Wozu auch? Meine

Mutter konnte es sich nicht vorstellen, dass nach nur zwei Stunden in einer elektrischen Maschine saubere Wäsche das Ergebnis sein sollte. Finanziell hätte man es sich leisten können, solch ein Gerät anzuschaffen. Doch im Keller war eine „Waschküche" und dort gab es alles, was eine ordentliche Hausfrau brauchte. Kochkessel – mit Kohle befeuert –, mehrere Spülbottiche und eine mit Wassermotor betriebene Holzwaschmaschine.

Bevor der eigentliche Waschtag begann, wurde schon das Essen für den besagten Tag vorbereitet, z. B. Erbsensuppe gekocht. Denn am eigentlichen Aktionstag gab es keine Zeit, auch noch Essen zuzubereiten.

War es dann so weit, wurde die Wäsche am Vortag in Bleichsoda vorgeweicht. Am Waschtag in der Frühe wurde der Waschkessel – ein fest montierter Bottich – mit Kohle befeuert und die erste Wasserfüllung erhitzt. Danach kam die eingeweichte Wäsche zum Kochen in den Kessel. Nach einer mir nicht bekannten „Kochzeit" wurden die Wäschestücke mit einem langen Holzpaddel in die hölzerne Waschmaschine gewuchtet. Dort wurden sie mithilfe des Wassermotors eine halbe Stunde – oder auch länger – durchgewalkt. Nach diesem Waschgang mussten die Wäschestücke von der Waschlauge befreit werden. Dazu wurde jedes Stück durch eine sogenannte Mangel geschickt. Zwei Gummiwalzen, die von Hand zu drehen waren, drückten die Lauge weitgehend heraus. Jetzt wurde von Hand jedes Wäschestück in den eingemauerten Bottichen mit klarem Wasser gespült. War diese Prozedur zur Zufriedenheit beendet, wurden die Wäschestücke nochmals durch die Mangel geschickt, um die Restfeuchte so weit wie möglich zu verringern. Danach war die Wäsche fertig, um auf dem Dachboden oder im Garten zum Trocknen aufgehängt zu werden. So wurde mit der gesamten „Kochwäsche" verfahren. Meist dauerte das den ganzen Tag. Am späten Nachmittag war alles auf der Leine und meine Mutter war ziemlich geschafft – bis zur nächsten großen Wäsche in vier Wochen.

Karl-Heinz Bettsteller[6]

Anregungen zum Weiterdenken

- Wir machen uns heute oft die nötigen Voraussetzungen dieser Entwicklung nicht klar; Sie als Zeitzeugen werden sich besser erinnern: Es brauchte ja nicht nur Strom, um die neuen Maschinen zu betreiben, sondern auch Leitungswasser. Ab wann gab es in Ihrem Elternhaus Leitungswasser?

- Wann waren Sie an das Stromnetz angeschlossen? Die Elektrifizierung der Haushalte beginnt zaghaft zu Beginn des 20. Jahrhunderts. Ende der 1920er-Jahre ist ungefähr die Hälfte aller Haushalte der Städte stromversorgt. Hier dürften sich große Unterschiede zwischen Stadt und Land auftun!

- Wie oft wurde bei Ihnen gewaschen? Wie viele Arbeitstage wurden auf die Wäsche verwendet?

- Erinnern Sie sich an die Arbeitsgänge? Wo stimmen Sie mit unseren Beschreibungen überein?

- Wann und wo wurde gewaschen, getrocknet, gebügelt?

56

- Erinnern Sie sich an Unfälle beim Waschen?
- Wo wurde bei Ihnen getrocknet? Gab es eine Bleiche im Ort oder im Hinterhof?
- Wann bekamen Sie die erste elektrische Waschmaschine zu Gesicht, wann einen Vollautomaten?
- Gab es (und wann?) bereits Möglichkeiten, die Wäsche zur Reinigung, zum Mangeln zu geben? Oder hatten Sie Hilfe in Ihrem Haus? Erinnern Sie sich an die Bezahlung der „Waschfrauen", die als Tagelöhnerinnen zur Hand gingen?
- Vielleicht erinnern Sie sich ja auch an einige schöne Aspekte der großen Waschtage, z. B. ans Seifenblasenmachen mit der Waschlauge?
- Wir wissen nicht erst seit der Phosphatdiskussion, dass wir „unsere Hemden nicht in Unschuld waschen"[7]. Welche Nachteile hat die heutige Art zu waschen gegenüber den traditionellen Formen?
- Noch heute zu besichtigen: Waschhaus Weegerhof in Solingen, von Februar bis November jeden 1. Sonntag im Monat, 11–13 Uhr. www.industriemuseum.lvr.de

Alles unter Strom

„Elektrizität in jedem Gerät"

Die Einführung neuer Haushaltsgeräte um die Jahrhundertwende 19./20. Jahrhundert war an veränderte technische Möglichkeiten ebenso geknüpft wie an die zunehmende Elektrifizierung der Haushalte. Vor dem Ersten Weltkrieg spielten die privaten Haushalte bei den betriebswirtschaftlichen Überlegungen der Elektrizitätswerke kaum eine Rolle. Erst in der Mitte der 1920er-Jahre stieg deren Bedeutung. Man beschloss, die Elektrifizierung privater Haushalte zu fördern: Die Stromversorgung wurde auf 220 Volt vereinheitlicht und der Preis auf etwa die Hälfte gesenkt. Die Kilowattstunde kostete 16 bis 18 Pfennig, später noch weniger. Verschiedene Elektrizitätswerke starteten Werbekampagnen nach dem Motto „Elektrizität in jedem Gerät". Und, was es heute noch gibt: Die Elektrizitätswerke schafften sich Vorführräume für elektrische Geräte an, um die Berührungsängste abzubauen und so mögliche Stromkundinnen zu gewinnen.

Dafür boten sie dann zum Beispiel Kochkurse an.

Die Firma „Siemens" beispielsweise arbeitete mit den Hausfrauenverbänden zusammen und konnte in ihnen Multiplikatorinnen für ihre Werbekampagnen gewinnen.

Mit der Einführung der Elektrizität in den Haushalt nahmen auch die Männer etwas mehr Anteil an der Haushaltsarbeit, da sie sich für die neuen technischen Errungenschaften interessierten. Dieses Interesse der Männer an den neuen Geräten fand nicht immer den Beifall der übrigen Familienmitglieder. Denn die *Herren der Schöpfung* setzten ihre Neugier weitgehend nicht in Haushaltsarbeit um, sondern in zeitaufwendige Reparaturunternehmungen mit Freunden und Bekannten. Zunehmend wurden sie so als Heimwerker mit den Geräten in der Küche vertraut.

Außerdem wurden Untersuchungen zufolge Elektrogeräte so eingekauft, dass sie eher den männlichen Interessen entsprachen: Radios eher als Bratröhren, und Fernseher eher als Waschmaschinen. Männer brachten eben noch weitgehend das Geld nach

Hause und bestimmten über dessen Verwen-
dung.

Mit dem Staubsaugermann fing es an

Sie werden sich daran nicht erinnern, aber
schauen wir uns die frühe Geschichte des
Staubsaugens an, weil sie die Entwicklung
der Elektrifizierung im Haushalt recht an-
schaulich macht: Bereits am Ende des
19. Jahrhunderts reichten die technischen
Möglichkeiten so weit, dass man den Staubsauger in Größen herstellen konnte, die auch
für Privathaushalte akzeptabel waren. Zunächst wurde ein großes Gerät auf Rädern
konstruiert, mit dem Männer durch die
Straßen fuhren und in den Häusern ihre
Dienste anboten. Von der Straße aus wurde
über lange Schläuche in den privaten Haushalten gesaugt – gegen Entgelt, versteht sich.
So entstand für kurze Zeit ein eigenes Ge-
werbe, in dem fast ausschließlich Männer
tätig waren. Die Leute, die diese Dienste in
Anspruch nahmen, konnten wunderbar öf-

fentlich ihre Wohlhabenheit demonstrieren; denn selbstverständlich konnte sich das längst nicht jeder leisten.

Der nächste Entwicklungsschritt war, dass zu Beginn des 20. Jahrhunderts in hochherrschaftlichen Häusern zentrale Staubsaugeranlagen eingebaut wurden. Im Keller stand die Vakuumpumpe, die über Rohre mit den Wohnräumen verbunden war. Zum Entstauben schloss man einen Schlauch am Belüftungsrohr an. Etwa 1912/13 – fast parallel – entstanden die ersten Hand- bzw. Zimmerstaubsauger.

Übrigens machten natürlich erst kleinere und handlichere Staubsauger und die Elektrifizierung des Haushaltes die Verbreitung von Teppichböden in den Wohnungen möglich. Vorher waren Materialien wie Fliesen, Linoleum und vor allem Holz üblich, die man mit Wasser pflegen konnte.

Von der Wohn- zur Werkstatt- küche

Im Haushalt gab es vor allem in der Gestal- tung von Küchen eine rasante Entwicklung in unserem Jahrhundert. Man kann das nicht nur an den Geräten, sondern auch an der Entwicklung der Architektur sehen. Sie kennen sicher noch die gute alte Wohnkü- che, das Kommunikationszentrum des Hau- ses oder der Wohnung: warm und gemüt- lich, voll guter (und manchmal auch weni- ger guter) Düfte, jedenfalls mit Tisch und Stühlen ausgerüstet.

Am Ende der 1920er-Jahre hielt die Ratio- nalisierung in den Wohnungen Einzug: Die Küche wurde auf die Funktion Kochen re- duziert, der Raum immer kleiner, denn nun hieß es, Wege einsparen. Erste Modelle von Einbauküchen wurden entworfen; am be- rühmtesten vielleicht die sogenannte „Frank- furter Küche" der Architektin Grete Schüt- te-Lithotzky von 1926/27.

Einbauküchen blieben uns erhalten. In den 1980er-Jahren kamen sogar Tresen in die Küche: das Aus für die Gemütlichkeit! Der

Raum wird nicht nur ganz funktional auf Kochen reduziert, sondern jetzt treten Kochen und das gemeinsame Essen in den eigenen vier Wänden in den Hintergrund. Da sind „Fast Food", schnelle Küche, Gerichte aus Dose und Tiefkühltruhe angesagt, mal eben über den Tresen gereicht und flott verzehrt. Im Trend liegt außerdem nach wie vor, außer Haus, „ambulant" zu essen, wie das mal genannt wurde – aber nicht mehr mit dem Henkelmann, sondern in Kantinen und Imbissbuden, Schnellrestaurants und Gaststätten oder fix beim Pizza-Taxi bestellt.

Neben dem Raum änderte sich natürlich im Lauf der Jahrzehnte auch die Gerätschaft in der Küche. Überlegen Sie einmal, was für Geräte Ihnen spontan einfallen, die es heute in einer Küche gibt, angefangen von der elektrischen Brotmaschine über den Wasser- und den Eierkocher, die Kaffeemaschine, den Mixer, den Toaster bis hin zu Waffeleisen, Tischgrill und Mikrowelle. Da fällt einem immer noch etwas Neues ein.

Schauen wir noch einmal ein klein wenig auf Entwicklungen in einzelnen Bereichen.

Noch Anfang des 20. Jahrhunderts wurde in der Küche am Kohle- bzw. Holzherd gekocht. Dann kamen zunehmend Gasherde auf (die es ja bis heute gibt).

Die Elektrik hielt ebenfalls zu Beginn des 20. Jahrhunderts Einzug in die Küche, allerdings zunächst in der Form, dass die Kochtöpfe und Pfannen einzeln angeschlossen waren. Elektrische Herde mit Kochplatten gab es aber auch schon: 1893 war auf der Weltausstellung in Chicago der erste Elektroherd vorgestellt worden. Es dauerte allerdings eine Weile, bis Elektroherde in Privathaushalte Einzug hielten. Auch hier begann die Veränderung in Häusern „höherer Kreise". Bedingt durch den Krieg, setzten sich Elektroherde erst in den 1950er-Jahren durch.

In der Kriegs- und Nachkriegszeit heizte (und kochte) man mit allem, was brennbar war. Bis in die 1960er-Jahre hinein wurden Kombinationsmodelle gehandelt, bei denen Gas und Kohle oder Strom und Kohle verwendbar waren. Heute wird es wohl kaum noch Kohleherde geben, allenfalls als dekorative Antiquitäten.

Anfang der 1970er-Jahre kam dann die „Mikrowelle" auf den Markt, die heute – wiewohl umstritten – fast schon zur Standardausrüstung einer neuen Küche gehört und in neueren Herden schon als Funktion integriert ist.

Ähnlich sieht die Entwicklung im Kühlbereich aus. Bis in die Nachkriegszeit hinein waren Kühlschränke im Gebrauch, die mit Eisstangen gekühlt wurden. Das Eis musste regelmäßig erneuert werden. Ein ganzer Wirtschaftszweig lebte vom Herstellen der Eisstangen und ihrer Lieferung in die Haushalte! Sein Ende war allerdings abzusehen, denn es gab bereits in den 1930er-Jahren elektrische Kühlschränke.

In den 1960er-Jahren schließlich hielt die Tiefkühltruhe Einzug in die Haushalte. Das veränderte wiederum die Tätigkeiten der Hausfrau: Das Einfrieren löste das Einmachen weitgehend ab.

Ende der 1920er-Jahre machte die Firma „Miele" erste Experimente mit elektrischen Geschirrspülern, allerdings erfolglos. Vorher gab es auch hier – Sie erinnern sich an die Waschmaschinen – Geräte mit Handbetrieb: Teller wurden in ein Gestell eingesetzt, das in einem halbrunden, mit Wasser gefüllten Kessel hing. Die Hausfrau betätigte eine Kurbel und drehte so die Teller durch das Wasser. Spülen mit der Hand war da im Grunde einfacher!

Erst in den 1960er-Jahren waren die Geschirrspülmaschinen technisch einigermaßen ausgereift und für Wohlhabende erschwinglich. Das Angebot erweiterte sich.

Anfang der 1970er-Jahre – unter dem Eindruck der Ölkrise – kommt der Gedanke des Energiesparens auf und in dessen Gefolge die Energieberatung. Langsam werden nun auch ökologische Gesichtspunkte bei der Herstellung und in der Anwendung von Geräten, aber auch Fragen nach Recycling bedeutsam.

Die Technik erlaubt zwar eine Verkürzung der Arbeitsprozesse einerseits, dafür wachsen aber beispielsweise die Kosten für die Geräte und deren Reparatur sowie die Ansprüche an Sauberkeit andererseits. Haben Sie einmal gerechnet, wie viel Zeit Sie benötigen, um das Geld für die Anschaffung eines Gerätes zu erwirtschaften?

Hausarbeit ist sicher nicht mehr so schwere körperliche Arbeit wie früher, dafür werden aber viele Arbeitsgänge nebeneinander, gleichzeitig oder ineinander verschoben abgewickelt. Heute wird häufiger geputzt, gewaschen und gespült, um den Ansprüchen an blitzblanke Sauberkeit zu genügen. Eine weitere Folge der Veränderungen durch Elektrifizierung ist, dass Hausarbeit im Grunde heute noch geringer angesehen wird als früher, viele Arbeitsgänge bleiben *unsichtbar* – sie werden nicht mehr als Arbeit wahrgenommen.

Anregungen zum Weiterdenken

- Wann wurden elektrische Geräte angeschafft? Welche gab es zuerst?
- Wann hatten Sie Teppichboden? Und ab wann hatten Sie einen Staubsauger? Wie groß war der – etwa auch im Vergleich zu heute?
- Welche Herdarten kennen Sie noch?
- Erinnern Sie sich an *Eis*schränke? Wann hatten Sie den ersten Kühlschrank, wann einen Tiefkühlschrank?

- Welche anderen elektrischen Geräte – Radio, Fernseher, Telefon, Eierkocher … – hielten wann Einzug in Ihre Küche, Ihren Haushalt?
- Wie lange hielten Ihre ersten elektrischen Küchengeräte?

Ohne Fleiß kein Preis!
Die Volksschule

Zu den prägenden Kindheitserinnerungen gehören Erfahrungen rund um das Thema Schule. Aus dem Abstand des Alters verklären sich die Erinnerungen meist: Das Positive tritt in den Vordergrund; es sei denn, man hat wirklich schlimme Erfahrungen gemacht, die bleibende Wunden hinterlassen haben.

Wenn Sie schon hier im Lesen innehalten und Ihre Gedanken zurückwandern lassen, wird Ihnen sicher vieles einfallen, was unmittelbar zu Ihrer Schulzeit und dieser Phase der Kindheit und Jugendzeit überhaupt gehört. Das mag beginnen bei der Einschulung als einem wichtigen Einschnitt in das Leben eines Kindes.

Die Schultüte

Das Symbol für den Schulbeginn ist und war in vielen Gegenden die Schultüte. Meist liebevoll in Eigenarbeit gebastelt, enthält sie Süßigkeiten, um den „I-Dötzchen" den Start in den „Ernst des Lebens" zu versüßen. Der Brauch ist vorwiegend städtisch angesiedelt, die genaue Herkunft unklar. Auf dem Land gab es früher z. B. den Brauch, zum Schulbeginn Kuchenbrezeln auszugeben, die die Kinder einer Klasse miteinander teilten. Manche erzählten uns, dass ihnen der Schulbeginn wenigstens mit einer Tafel Schokolade versüßt wurde. Da, wo es Schultüten gab, hatten sie den Charakter eines Statussymbols. Ihre Ausstattung sagte etwas über den Wohlstand einer Familie aus. Dafür haben wir Beispiele aus der Literatur gefunden. Erich Kästner (1899–1974) schreibt von seiner Einschulung in Dresden:

„Herr Bremser setzte uns, der Größe nach, in die Bankreihen und notierte sich die Namen. Die Eltern standen, dichtgedrängt, an den Wänden und in den Gängen, nickten ihren Söhnen ermutigend zu und bewachten die Zuckertüten. Das war ihre Hauptaufgabe. Sie hielten kleine, mittelgroße und riesige Zuckertüten in den Händen, vergli-

chen die Tütengrößen und waren, je nach-
dem, neidisch oder stolz.
Meine Zuckertüte hättet ihr sehen müssen!
Sie war bunt wie hundert Ansichtskarten,
schwer wie ein Kohleneimer und reichte
mir bis zur Nasenspitze! Ich saß vergnügt
auf meinem Platz, zwinkerte meiner Mut-
ter zu und kam mir vor wie ein Zuckertü-
tenfürst. Ein paar Jungen weinten herzzer-
brechend und rannten zu ihren aufgeregten
Mamas. Doch das ging bald vorüber. Herr
Bremser verabschiedete uns, und die Eltern,
die Kinder und die Zuckertüten stiefelten
gesprächig nach Hause. Ich trug meine Tüte
wie eine Fahnenstange vor mir her. Manch-
mal setzte ich sie ächzend aufs Pflaster.
Manchmal griff meine Mutter zu. Wir
schwitzten wie Möbelträger. Auch eine süße
Last bleibt eine Last."[8]

Und der gebürtige Bayreuther Max von der
Grün (1926–2005) beschreibt seine Einschulung so:

„In diesem Jahr kam ich Ostern in die Schu-
le. Es gibt noch ein Bild, das mich mit einer

großen Schultüte zeigt, die bei uns Zuckertüte hieß. Meine Zuckertüte war zu zwei Dritteln mit Papier vollgestopft. Nur oben lag ein wenig Obst, Schokolade und Bonbons.

In der Klasse wollte natürlich jeder jedem in die Tüte sehen. Ich lehnte ab, ein paar andere Jungen auch. Wir schämten uns, weil man tiefer als eine Handbreit nicht hineinsehen durfte, ohne das Papier zu bemerken.

Meine Großmutter hatte mich in die Schule begleitet. Weder mein Vater noch meine Mutter hatten dafür Zeit. Meine Mutter bekam von ihrem Dienstherrn nicht frei, und mein Vater lief irgendwo auf der Suche nach Arbeit herum.

Das war schon bitter für mich. Die anderen Kinder waren mit ihren Eltern gekommen oder doch wenigstens mit einem Elternteil. Einige Väter, die ihre Sprösslinge in die Schule begleiteten, kamen in der braunen Uniform der SA, denn wenige Wochen vorher war Hitler Reichskanzler geworden."[9]

Anregungen zum Weiterdenken

- Wie sah der erste Schultag aus? Wer ging mit Ihnen zur Schule?
- Hatten Sie eine Schultüte? Gab es sonst einen „Trost" am ersten Tag?
- Kam ein Fotograf, und gibt es ein Klassenfoto von diesem Ereignis?
- Waren die Klassenzimmer für Jungen und Mädchen bei Ihnen getrennt, oder saßen Sie nach Geschlecht getrennt in einem Raum?
- Wurden Sie in einer einklassigen Schule eingeschult oder in einer mehrklassigen?

Eine ganz normale Schulklasse in den 1920er-Jahren[10]

Schule in der Weimarer Republik (1918– 1933) bedeutete Schulpflicht vom sechsten bis zum vierzehnten Lebensjahr. Alle Kinder besuchten die vier Jahre umfassende Grundschule. Es gab die Möglichkeit, weiterführende Schulen, wie die Mittelschule, die Aufbauschule, die Deutsche Oberschule, die Oberrealschule, das Realgymnasium oder das Gymnasium zu besuchen. Weiterführende Schulen blieben im Allgemeinen Kindern wohlhabenderer Eltern und insbesondere männlichen Nachkommen vorbehalten. Schulgeld und die Anschaffung der Bücher erforderten einen hohen finanziellen Einsatz, den fast nur Eltern aus gehobenen Verhältnissen erbringen konnten. Für Mädchen, „die ja sowieso heiraten", lohne sich der Aufwand nicht, so meinten viele Eltern. Mädchen aus besseren Kreisen wurden auf die „Höhere-Töchter-Schule" geschickt, um angemessene Bildung zu erfahren. Einigen wenigen Jungen und Mädchen eröffneten Stipendien den Zugang zu weiterführenden Schulen. Die meisten Kinder aber absolvierten die acht Jahre umfassende Volksschule. Wir wollen daher unser Hauptaugenmerk auf diese Schulform richten.

Auf einem Foto eines zweiten Schuljahres aus Paffrath in der Nähe von Bergisch Gladbach aus dem Jahr 1920 sind insgesamt 57 Kinder zu sehen. Es sind Kinder des zweiten Jahrganges mit Geschwistern aus anderen Klassen.

Kinder des zweiten Schuljahres, Paffrath 1920

Im Durchschnitt waren rund 60 Kinder in einer Klasse. Ein Ministerialerlass aus dem Jahr 1922 legte die Höchstgrenze der Kinder pro Klasse auf 80 fest. Es war eher selten, dass – wie das Bild vermuten lässt – nur ein Jahrgang in einer Klasse saß. Besonders auf dem Land war es üblich, mehrere Jahrgänge bzw. die erste bis achte Klasse in einem Klassenraum zusammen zu unterrichten. Eine andere Möglichkeit, der vielen Kinder Herr zu werden, war der schichtweise Unterricht. Wenn die einen gingen, kamen die anderen, so dass vormittags und nachmittags unterrichtet wurde.

Fürs Foto haben sich alle fein gemacht, sind in Sonntagskleidern angetreten. Wenn der Fotograf kam, war das schon eine Besonderheit. Daher war den Eltern daran gelegen, Geschwisterkinder mit auf das Bild zu bringen. So hatte man zwei Fliegen mit einer Klappe geschlagen. Man hatte ein Bild, auf dem zumindest die schulpflichtigen Kinder gemeinsam zu sehen waren.

Sonntagskleidung hieß für die Mädchen ein Kleid ohne die Schürze, die im Alltag zur Schonung der Kleidung diente. Wer es sich leisten konnte, trug feine weiße Spitzenkragen und eine schöne große Schleife im Haar. Die Jungen präsentierten sich im Sonntagsanzug. Die sozialen Unterschiede der Kinder sind deutlich erkennbar. Während einige Jungen adrett zurechtgemacht einen Matrosenanzug tragen, sind andere in einfachen, schmucklosen und schon abgetragenen Anzügen zu sehen. Zwei Jungen im Vordergrund haben kahl geschorene Köpfe – ein Hinweis auf die weitverbreitete Läuseplage, die man auf diese Weise in den Griff zu bekommen suchte.

Auf dem Bild sind Jungen und Mädchen gemischt aufgestellt. In den Klassen saßen sie fein säuberlich getrennt blockweise. Auch wenn in der Volksschule Jungen und Mädchen gemeinsam unterrichtet wurden, so war man doch, wie mancher Erlass aus der Zeit zeigt, unsicher, was hinter den Kulissen vorgehen möge. Die „sittliche Erziehung" der Jungen und Mädchen sah man durch strenge Disziplin, Totschweigen statt Aufklären und durch die Trennung der Geschlechter garantiert. In den meisten weiterführenden Schulen wurden demzufolge Jungen und Mädchen getrennt unterrichtet. Bei reinen Mädchenschulen lag der Schwerpunkt auf Sprachenunterricht und hauswirtschaftlichen Fächern, welche sie auf ihre zukünftige Rolle als Hausfrau und Mutter vorbereiten sollten. Die Jungenschulen waren mehr mathematisch-naturwissenschaftlich ausgerichtet.

Aber wieder sind wir abgeschweift. Es fehlt noch eine wichtige Person. In diesem Fall ist es „Fräulein Aloysia Pagenstedt", die Lehrerin. Der Name der Lehrerin ist weniger von Bedeutung, interessant ist die Anrede. Das „Fräulein" ist hier nicht nur als höfliche Anrede zu verstehen. „Fräulein" ist so eng mit dem Beruf der Lehrerin gekoppelt gewesen, dass noch Generationen später Kinder vom „Fräulein" sprachen, wenn sie ihre Lehrerin meinten. Woher kam das?

Im 19. Jahrhundert hatten sich Frauen in der ersten deutschen Frauenbewegung gegen die Benachteiligung ihres Geschlechtes zur Wehr gesetzt. Die bürgerliche Frauenbewegung engagierte sich vor allem für bessere Bildungschancen, die es auch nichtverheirateten Frauen ermöglichen sollten, ihren eigenen Lebensunterhalt zu verdienen. Als Berufe kamen in erster Linie solche in Betracht, die als wesensgemäß für die Frau angesehen wurden, Berufe, die mit Erziehung und Haushaltsführung zu tun hatten. So kam es, dass Frauen, die die Möglichkeit erhielten, weiterführende Schulen zu besuchen, Lehrerinnen oder Erzieherinnen wurden. Da man sich aber nicht vorstellen konnte, dass eine verheiratete Frau den Beruf weiter ausüben würde, erfand man das sogenannte „Lehrerinnenzölibat". Lehrerin konnten nur unverheiratete Frauen sein, bei Heirat mussten sie ihren Dienst quittieren. Diese Regelung hielt sich inoffiziell bis Anfang der 1960er-Jahre. Das Klassenfoto zeigt nur einen kleinen Ausschnitt schulischen Lebens. Nicht gezeigt sind die Schultornister, aus denen Läppchen und Schwamm zur Reinigung der Schiefertafel heraushingen. Nicht mal zu erahnen sind die weiten Wege, die die Kinder selbstverständlich zu Fuß zurücklegten, um ebenso selbstverständlich pünktlich in der Schule zu sein.

Einschulungsfoto aus den Anfängen der 1920er-Jahre

Fürchte Gott, ehre den Kaiser, liebe das Vaterland!

„Fürchte Gott, ehre den Kaiser, liebe das Vaterland!" Dieser Aufruf ziert das Zeugnisheft eines Schülers, der die Volksschule vom 1. April 1929 bis zum 30. Oktober 1936 besuchte. Sein Schulbesuch begann also in der Weimarer Republik (1918–1933) und endete in der Zeit des Nationalsozialismus (1933–1945).

Das Motto „Fürchte Gott, ehre den Kaiser, liebe das Vaterland!" hinkt der historischen Realität hinterher. Einen deutschen Kaiser gab es in der Weimarer Republik nicht mehr, dennoch wurde das alte Zeugnisheft mit dem genannten Leitspruch weiterverwendet. Dies zeugt von einer Geisteshaltung, die die ersten demokratischen Schritte Deutschlands in der Weimarer Republik stets begleitet hat. Die Schulwirklichkeit war geprägt von Lehrpersonen, die – preußisch-wilhelminisch erzogen und ausgebildet – äußerst obrigkeits- und autoritätshörig waren. Auch wenn es in dieser Zeit neue reformpädagogische Ansätze gab, in denen das Kind in den Mittelpunkt des Interesses rückte, und neue kindgerechte Lehr- und Lernmethoden eingesetzt wurden, war die Realität in den meisten Schulen noch vom alten Geist geprägt.

Zum schulischen Alltag der 1920er-Jahre gehörte, dass Religion in der Rangfolge der Schulfächer an erster Stelle stand; nicht nur in der Wertschätzung, sondern auch im Zeugnisheft sichtbar. Die „Leistungen im Fach Religion" wurden noch vor Deutsch, Rechnen und anderen Fächern bewertet. Wenn Religionslehre auch bis heute als erstes Fach in den Zeugnissen angeführt ist, so hat sie doch längst nicht mehr den Stellenwert wie damals.

Die Aussage „Fürchte Gott" ist ruhig wörtlich zu nehmen. Furcht war ein wesentlicher Leitfaden schulischen Alltags: Furcht nicht nur vor der höchsten, der göttlichen, richterlichen Instanz, sondern auch vor den Autoritäten weltlicher Prägung. Pfarrer und Lehrer waren geachtete und gefürchtete Autoritätspersonen. Sie wachten über Zucht und Ordnung innerhalb und außerhalb der Schule.

84

Was es da zu beachten galt, veranschaulicht Paragraf 13 der Schulordnung:

„Außerhalb der Schule hat jeder Schüler sich gesittet und anständig zu betragen. Wer Menschen nachruft, Pferde scheucht, auf den Straßen und öffentlichen Plätzen mit Steinen wirft, Vogelnester ausnimmt, Singvögel einfängt, Tiere mutwillig quält, unbefugt Fischbrut und junge Krebse wegfängt, Häuser und Tore mit Kreide beschreibt, nach Eisenbahnzügen wirft und Steine auf die Schienen legt, Telegraphen-Anlagen, sowie Bäume und Anpflanzungen beschädigt, fremde Hecken und Heideflächen usw. abbrennt und Feuer in und bei Wäldern anlegt, wird strenge bestraft."

Körperliche Züchtigung war ein gängiges Mittel zur Disziplinierung der Schüler und Schülerinnen. In einem Ministerialerlass aus dem Jahre 1920 hieß es zwar: „(...) die körperliche Züchtigung gilt nur als äußerstes Schulzuchtmittel in Ausnahmefällen, wenn alle anderen Zuchtmittel erfolglos geblieben sind." Ungeachtet dieser Richtlinien war der Rohrstock ein alltäglicher Begleiter schulischen Lebens, der nicht nur in Ausnahmefällen zum Einsatz kam. Jungen werden ihn häufiger erlitten haben als Mädchen.

Nach den *höheren Werten* „Gott, Kaiser, Vaterland" stand Disziplin an oberster Stelle, die notfalls mit dem Rohrstock im wahrsten Sinne des Wortes eingebläut wurde. Disziplin fand sich im Zeugniskopf mit „Betragen" und „Fleiß" wieder. Dabei gab es die Noten 1 = sehr gut, 2 = gut, 3 = befriedigend, 3–4 = nicht ohne Tadel, 4 = nicht befriedigend. Kinder heutiger Zeit erhalten keine Noten mehr in diesem Bereich. Die Lehrperson schreibt unter „Hinweise zum Arbeits- und Sozialverhalten" einen Kommentar, der das Verhalten des Kindes beschreibt und beurteilt.

Unter Paragraf 6 der Schulordnung hieß es: „Eine vorzeitige Entlassung der Schulkinder findet nicht mehr statt." Gegen den Strich gelesen heißt das: Die Verordnung war notwendig, weil viele Kinder vorzeitig aus der Schule genommen wurden. Es gab immer wieder Gründe, die Schule vorzeitig zu beenden. Besonders betroffen waren hiervon Mädchen, die Verpflichtungen innerhalb der Familie übernehmen mussten. Aber auch

Jungen mussten im handwerklichen Betrieb bzw. bäuerlichen Hof anpacken, wenn Not am Mann war. Kinder armer Leute auf dem Land oder Arbeiterkinder in den Städten besuchten die Schule oft nur unregelmäßig. Sie wurden zu den verschiedensten Arbeiten herangezogen oder mussten die Geschwister versorgen.

Wie weit verbreitet Kinderarbeit war, macht ein anderer Paragraf der Schulordnung deutlich: „Niemand darf ein fremdes, schulpflichtiges Kind ohne schriftliche Erlaubnis desjenigen Landrats, in dessen Verwaltungsbezirk die von dem Kinde besuchte Schule gelegen ist, zum Viehhüten anmieten oder verwenden, auch nicht in der Ferienzeit."

Diene treu Deinem Führer!

Mit der Machtübernahme der Nationalsozialisten 1933 veränderte sich der Geist in den Schulen. Im Sinne der nationalsozialistischen Ideologie wurden die Kinder gelehrt, alles Deutsche in verklärter Sicht zu sehen, alles Jüdische, alles Fremde zu hassen. Andersdenkende Lehrpersonen wurden entlassen, und die Mitgliedschaft im „Bund deutscher Mädchen" oder der „Hitlerjugend" konnte ausschlaggebend sein für das schulische Wohl oder Wehe eines Kindes. Diese Wandlung vollzog sich in den Volksschulen langsamer als in den weiterführenden Schulen.

Die zeitgeschichtliche Entwicklung ist an dem vorliegenden Zeugnis gut abzulesen. Stand in der Weimarer Republik, wie gesehen, Religion noch an erster Stelle, wurde das Fach während des Nationalsozialismus überhaupt nicht mehr gelehrt. Stattdessen standen Leibeserziehung mit der Beurteilung der allgemeinen körperlichen Leistungsfähigkeit und Deutsch an oberster Position. Neue Lehren wurden eingeführt, wie Rassenkunde und Erblehre. Sie waren zwar keine eigenständigen Fächer, wurden jedoch als Teilgebiete übergeordneter Fächer unterrichtet, wie etwa Naturkunde.

Statt „Fürchte Gott", hieß es nun „Diene treu Deinem Führer!" Mit dieser Mahnung wurden die Schüler und Schülerinnen aus der Schule ins Leben entlassen.

Stadt Bergisch Gladbach

Volksschule Bergisch Gladbach - Katterbach

Stufen 4 Klassen.

Zuname: *Neuenhaus* Vornamen: *Anneliese* geboren am *4.2.1925* in *Bergisch Gladbach*

8 Lernschuljahr, jetzt wohnend *Bz. Glad. - Hopperscheid* erhält nach 8 jährigem Besuch der Volksschule folgendes

Entlassungs-Zeugnis.

Betragen:	*gut*	Fleiß:	*gut - befriedigend*
Schulbesuch:	*regelmäßig*	Aufmerksamkeit:	*gut*

Leibeserziehung:

a) Leichtathletik ___ Punkte

b) Turnen ___ „

c) Schwimmen ___ „

d) Spiel ___ „

e) Allg. körperl. Leistungsfähigkeit *befriedigend*

Deutsch:

a) Lesen *befriedigend*

b) Sprachlehre *gut*

c) Rechtschreiben *gut*

d) Aufsatz *gut*

Geschichte: *befriedigend*

Erdkunde: *ausreichend*

Naturkunde: (Rassenkunde, Erbl.) *befriedigend*
Naturlehre:

Rechnen: *befriedigend*
Raumlehre:

Biblische Geschichte: *gut*

Katechismus: *befriedigend*

Schreiben: *gut - sehr gut*

Zeichnen und Werken: *gut*

Musik: *befriedigend*

Handarbeit: *gut*

Hauswerk: *gut*

Die Schule entläßt Dich nun ins Leben: Ordne Dich als dienendes Glied in die deutsche Volks- und Schicksalsgemeinschaft ein. – Diene treu Deinem Führer Adolf Hitler!

Bergisch Gladbach, den 30. März 1939.

Der Schulleiter: *Hüffler*   Der Lehrer *Hüffler*

Urteile. Betragen: sehr gut, gut, nicht ohne Tadel. — Fleiß: sehr groß, groß, befriedigend, ausreichend, mangelhaft, ungenügend.
Schulbesuch: regelmäßig, unregelmäßig. — Aufmerksamkeit und Leistungen: sehr gut, gut, befriedigend, ausreichend, mangelhaft, ungenügend.
Leibeserziehung: (Note 1 die geringste, Note 9 die höchste Wertung.
Nach folgenden Leistungsstufen ist zu unterscheiden:
Sehr gut (1) (Weit über gut hinausgehend).
Gut (2) (Wesentlich über dem Durchschnitt stehend).
Befriedigend (3) (Vollwertige Normalleistungen ohne Einschränkung).
Ausreichend (4) (Ausreichende Leistungen, wenn auch nicht ohne Schwächen).
Mangelhaft (5) (Nicht ausreichende Leistungen, jedoch bei Vorhandensein wesentlicher Grundlagen mit der Möglichkeit eines baldigen Ausgleichs).
Ungenügend (6) (Völlig unzureichende Leistungen, ohne sichere Grundlagen, Vorgleich nur schwer und erst nach längerer Zeit möglich).

Entlassungszeugnis von 1939 der Schülerin Anneliese Neuenhaus, Volksschule Bergisch Gladbach-Katterbach

Schule im Nationalsozialismus

Je nachdem, wo Sie aufgewachsen sind, werden Sie den Einfluss der nationalsozialistischen Ideologie auf den schulischen Alltag unterschiedlich erlebt haben. Es war ein Unterschied, ob Schüler und Schülerinnen auf dem Land oder in einer Großstadt lebten, eine konfessionelle oder staatliche Schule besuchten, ob die Lehrpersonen linientreu oder im Rahmen der Möglichkeiten Querdenker waren, ob es jüdische Mitschüler und Mitschülerinnen gab oder nicht.

Neben den subjektiven Erfahrungen ist es interessant, einschlägige Fachliteratur dahingehend zu befragen, wie es denn in der Breite ausgesehen hat. Welche gesetzlichen Verfügungen regelten den Schulalltag und schmälerten die Handlungsfreiheit? Wann und wie wurden jüdische Mitschüler und Mitschülerinnen der Schule verwiesen? Wie viele Lehrpersonen wurden nach der Machtübernahme der Nationalsozialisten entlassen? Was waren die Gründe für deren Entlassung? Wann und wie wurde der Fächerkanon im Unterricht verändert? Wann gab

90

es die „politische Hochschulreife" und nach welchen Kriterien wurde sie vergeben?

Es geht bei dieser Art der Fragestellung darum, Persönliches in einen Gesamtzusammenhang zu stellen. Ein Mensch, der an seiner Schule nicht erlebt hat, dass Lehrpersonen – aus welchen Gründen auch immer – entlassen wurden, kann sagen: Bei uns musste kein Lehrer die Schule verlassen. Wenn er oder sie daraus den Schluss zieht, es stimme nicht, dass die Nationalsozialisten unliebsame Lehrpersonen aus dem Staatsdienst entlassen haben, so wäre das eine Geschichtsverdrehung, die einer Überprüfung durch belegbare Zahlen und Fakten der historischen Forschung nicht standhielte. Werden aber die Belege historischer Forschung zurate gezogen, um eigene Erfahrungen zu ergänzen, erweitert sich das persönliche Bild und wird in einen allgemeineren Gesamtzusammenhang gestellt. Beide Zugangsweisen zur Historie ergänzen und bereichern sich.

Schriftenwirrwarr – von der Mühsal, schreiben zu lernen

Die Schrift ist eines der großen schulischen Experimentierfelder. Während in den 1920er-Jahren verschiedene lateinische oder deutsche Schriften in Gebrauch waren, wurde um 1920 die Sütterlin-Schrift eingeführt. Diese Schrift wurde entgegen bisheriger Praxis steil geschrieben. Dazu nahm man den Federhalter zwischen Zeigefinger und Mittelfinger. (Wenn Sie das Lesen und Schreiben üben wollen, steht Ihnen im Internet als Hilfe die Seite http://www.suetterlinschrift.de zur Verfügung. Die Schrift ist digitalisiert erhältlich.)

Die Sütterlin-Schreibschrift hat ihren Namen von dem deutschen Grafiker und Pädagogen Ludwig Sütterlin (1865–1917). Sie wurde 1924 zunächst in Preußen und später auch in anderen deutschen Ländern als verbindliche Schreibschrift eingeführt.

Dennoch wurde bis in die Zeit des Zweiten Weltkriegs hinein keine Schrift einheitlich verwendet, sondern verschiedene Schriften wurden zeitgleich nebeneinander gebraucht. Das ist schön an dem vorliegenden Zeugnis von Anneliese Neuenhaus zu erkennen: Während die Eintragungen der Lehrpersonen in Sütterlin gehalten sind, erfolgen die Angaben im Zeugniskopf in lateinischer Schrift, mit Ausnahme des Vornamens, der wiederum in Sütterlin geschrieben ist. Beider Schriftarten mächtig zu sein, erforderte schon einige Übung und sorgte sicher für Verwirrung manch ungelenker Kinderhand.

Geplagt haben sich Kinder aller Generationen mit dem Schreibenlernen. Schwer war es für Kinder, die gerade die eine Schreibweise beherrschten und dann wieder umlernen mussten.

Das Ende der Sütterlin-Epoche trat während des Zweiten Weltkriegs ein, als insbesondere im öffentlichen Bereich die Handschrift fast völlig durch die Druckschrift verdrängt wurde. Am 1. September 1941 regelte ein Erlass der Nazis den Schreibunterricht an Schulen und ordnete die Umstellung auf „Deutsche Normalschrift" für das Schuljahr 1941/42 an.[11]

Zwei Aufsätze aus dem Aufsatzheft einer Schülerin: „Wir gehen Kartoffelkäfer sammeln"[12] von September 1941 in Sütterlin-Schrift …

Ein Soldat lernt mit Pferden umzugehen.
Von Pferden verstand Unteroffizier Dolf
herzlich wenig. Als Junge hatte er zwar
oft auf dem Kutschbock neben seinem Vater gesessen. Wie stolz war er dann gewesen, wenn er einmal lenken durfte! Aber
der brave Schimmel hätte sicherlich auf
der stillen Landstraße auch allein seinen
Weg gefunden. Doch nun war aus dem Jungen ein Soldat geworden. Unteroffizier
Dolf lag im Jahre 1917 mehrere Monate als
Beobachter vor Verdun in der vordersten
Stellung. Als Dolf einige Tage in Ruhestel-
lung war, bekam er den Befehl, einen Trans-
port zu einer anderen Beobachtungsstelle
zu führen. Telephonkabel, Lebensmittel und
was sonst noch für die Kameraden auf
der Beobachtung bestimmt war, wurde

… und „Ein Soldat lernt, mit Pferden umzugehen"
von November 1941 in Deutscher Normalschrift

Als die Nationalsozialisten 1941 die Deutsche Normalschrift verbindlich einführten, hieß es wieder umlernen. Ein mühsames Unterfangen für Schüler und Schülerinnen. Die Abbildungen auf der vorherigen Doppelseite zeigen zwei Aufsätze einer Schülerin, die die Umstellung von Sütterlin auf Normalschrift nach dem Erlass von September 1941 zeigen.

Den Sütterlin'schen Einschlag in der Schrift kann man bei alten Menschen bis heute ausmachen. Sei es nun mit Griffel, Federhalter oder Bleistift, Schiefertafel oder Heft, in Sütterlin, Deutscher Normalschrift oder in der heutigen Vereinfachten Ausgangsschrift, Lust und Frust lagen bei der Kunst des Schreibenlernens nah beieinander – früher wie heute. Wie gesagt: Ohne Fleiß kein Preis!

Anregungen zum Weiterdenken

- Mit wie vielen Kindern saßen Sie in einer Klasse?
- Wie viele Jahre haben Sie die Schule besucht?

- Was ist Ihnen in Verbindung mit Schule besonders angenehm und was eher unangenehm in Erinnerung?
- Welche Kleidung trugen Sie in der Schule?
- Können Sie noch Sütterlin schreiben und/oder lesen?
- Mit welchem Schreibzeug haben Sie Schreiben gelernt?
- Wie sah Ihre Schultasche aus?
- Wenn Sie diese Zeit erlebt haben: Was waren für Sie die einschneidendsten schulischen Veränderungen im Übergang von der Weimarer Zeit zum Nationalsozialismus?
- Hatten Sie (unverheiratete) Lehrerinnen oder (verheiratete) Lehrer?

Wer hat was an den Füßen?
Auf Schusters Rappen zu „Mister Minit"

Fragen Sie heute mal Ihre Mitmenschen, wie viele Paar Schuhe sie besitzen. Die meisten werden sicher innerlich zu zählen beginnen, um nach einigem Zögern eine Zahl zu nennen. In diese Verlegenheit kamen Menschen früherer Generationen nicht. In einfachen Kreisen schätzte sich glücklich, wer wenigstens ein Paar Schuhe besaß. Zufriedenheit herrschte, wenn es gelang, das jeweils neue Paar als Sonntagsschuhe schonen oder sich für den Sommer ein Paar Sandalen leisten zu können.

In ländlichen Gegenden war das Tragen von Holzschuhen, den sogenannten „Klumpen", gebräuchlich. Sie waren billiger in der Anschaffung und robuste Begleiter der harten Arbeit. Viele Familien konnten sich für die schnell wachsenden Kinder keine Lederschuhe leisten, dann mussten Klumpen getragen werden. Kinder armer Leute liefen den Sommer über barfuß. Für den Winter suchte man nach günstigen gebrauchten Schuhen. Es wurde genommen, was kam, seien es Männer- oder Frauenschuhe.

Natürlich vererbte man, wenn vorhanden, Schuhe an Geschwister weiter. Man konnte sich nicht, so wie heute, mal eben ein Paar neue Schuhe leisten. Sohlen der Schuhe wurden genagelt, um dem schnellen Verschleiß entgegenzuwirken. Die Kinder ließen sich, bevor sie im Winter über selbst gemachte Eisbahnen schlidderten, Eisenplättchen auf den Sohlen befestigen. Neben der Schonung der Schuhe stand aus Sicht der Kinder natürlich die Verbesserung der Rutschfähigkeit im Vordergrund des Interesses.

Damals wie heute gilt: „Zeige mir deine Schuhe, und ich sage dir, wer du bist." Schuhe waren immer schon modischen Veränderungen unterworfen, vor allem aber waren sie Indiz der gesellschaftlichen Stellung eines Menschen. So verglichen die Kinder in den 1920er-Jahren untereinander, wer überhaupt Schuhe besaß, wer Holzschuhe und wer geschnürte Lederschuhe trug. Besonders edel waren geknöpfte Schuhe.

„Für die Eltern die Schuhe blitzblank mit Erdal",
Reklame 1926

Mädchen in den 1930er-Jahren legten als Jugendliche Wert darauf, nicht mehr die üblichen, hoch geschnürten Lederschuhe, sondern Halbschuhe zu tragen. Die Krönung waren damals Lackschuhe, die dann obendrein noch mit Knöpfen verschlossen wurden. (Perlmuttknöpfe waren an Ringen mit dem Lackschuh verbunden. Mit einem Knopfhaken wurden die Knöpfe in die Schnallenlöcher der Schuhe hineingezogen.)

In Kriegszeiten galt: Not macht erfinderisch. Am Ende des Krieges (1944/45), so erzählt meine Mutter, waren Schuhe Mangelware. Sie schätzte sich daher glücklich, ein Paar Schuhe des Onkels geerbt zu haben. Der auffällige Größenunterschied zwischen ihren Füßen und den Schuhen wurde durch dicke Socken und Zeitungspapier in den Schuhspitzen ausgeglichen. Hauptsache, „man hatte was an den Füßen". Was störte es da, dass sie aussah wie ein Clown? Andere, denen nur zu kleine Schuhe zur Verfügung standen, hatten es schwerer. Entweder drückte der Schuh, oder die Füße wurden nass und kalt, da die Schuhspitzen für die

102

überstehenden Zehen aufgeschnitten worden waren.

In der Wirtschaftswunderzeit waren die „Pumps" bei den Damen Ausdruck des neuen Lebensgefühls. Es war wieder möglich, sich schönzumachen. Der Hit waren Gamaschen, die für den Winter in Mode kamen. Sie konnten den Mangel an Stiefeln ausgleichen, denn man trug die Wadenschützer aus Filz geknöpft über die Halbschuhe. Von Stiefeln waren die Schuhe der Dame dadurch fast nicht zu unterscheiden.

Der Schuster von nebenan

In unserem Dorf gab es einen Schuster, zu dem man über mehrere Stufen in einen Kellerraum hinabsteigen musste. Was ich dort so sehr liebte, war der Geruch von Leder und Leim. Außerdem war unser Schuster ein sehr netter Mann, der für uns Kinder stets ein freundliches Wort hatte. Es lohnte sich noch, bei ihm Schuhe reparieren zu lassen. Er machte nicht nur neue Absätze unter die Schuhe, er besserte auch Mutters Einkaufstasche aus, unsere Schultaschen und Lederhosen, Pferdegeschirre und Motorradstiefel … Er schaute die Dinge mit prüfendem Blick an und sagte: „Mal sehen, was wir da machen können" – und aus den meisten Sachen machte er was.

Diesen Schuster gibt es schon lange nicht mehr. Er hat seine Werkstatt geschlossen und ist im wohlverdienten Ruhestand. Es kam kein neuer mehr. Stattdessen hielt bei dem großen Einkaufscenter im Gewerbegebiet eine „Schuhbar" oder „Mister Minit" Einzug. Da werden Standardabsätze in fünf Minuten repariert. Zugegeben, es kann sehr praktisch sein, wenn – mal eben während des Einkaufes – eine neue Sohle geklebt wird. Komplizierteres darf es aber nicht sein! Wenn ich mit meinen etwas ausgetretenen Lieblingsschuhen ankomme, um eine Naht flicken zu lassen, heißt es: „Aber das lohnt sich doch gar nicht." So nehme ich denn schweren Herzens Abschied und kaufe mir ein Paar neue Schuhe, denn das ist heute günstiger.

Von den kleinen Reparaturarbeiten kann aber auch „Mister Minit" nicht leben, daher sind die Geschäfte oft kombiniert mit einem Schlüsseldienst. So ändern sich die Zeiten.

Es ist schon lange her, dass Schuster selber Schuhe hergestellt haben. Die ersten Schuhfabriken nahmen Ende des 19. Jahrhunderts die Produktion auf. Das Maschinenzeitalter in der Schuhindustrie begann 1869 mit der Schweizer Firma „Bally", die bis heute Schuhe herstellt (seit 2008 im Besitz der österreichischen *Labelux Group GmbH*). Die kleinen Handwerksschuster wurden zu Flickschustern, die in erster Linie Schuhe und andere Ledersachen reparierten. Manch ein Schuster zog Anfang dieses Jahrhunderts noch über Land und flickte Schuhe vor Ort. Viele Schuster konnten ihre Familie nur ernähren, wenn sie neben den Reparaturarbeiten ein Schuhgeschäft führten.

Handwerkliche Maßarbeit findet sich heute nur noch bei den Orthopädie-Schuhmachermeistern. Hier gibt es ihn noch, den Leisten, über den der Schuh geschlagen, d. h. nach dessen Maß der Schuh gefertigt wird.

Die kleinen Schusterwerkstätten mit diversen Leisten, Schusteramboss, Holznägeln,

Schusterhämmern und einer einfachen handgetriebenen Nähmaschine bestücken heute Museen. Ihr Symbol ist die Schusterlampe, eine wassergefüllte Glaskugel, die das spärliche Licht der Petroleum- oder Gaslampe verteilte und so beim Sparen half.

Anregungen zum Weiterdenken

- Was verbinden Sie mit dem Thema Schuhe in Ihrer Kinder- und Jugendzeit?
- Kennen Sie „grüne Sohlen", die unter die Kinderschuhe genagelt wurden, damit die Schuhe länger hielten?
- Erinnern Sie sich an eine alte Schusterwerkstatt in Ihrer Wohngegend?
- Welche anderen Handwerke fallen Ihnen ein, die es in Ihrer Kinder- und Jugendzeit noch gab, die heute aber verschwunden sind?

Braune Brause
„Coca-Cola" erobert Deutschland

Die Geschichte von „Coca-Cola" begann in Amerika: Ein Drogist stellte 1886 in Atlanta, Georgia, aus einem Extrakt von Cocablättern, Colanuss und Kokain ein Mittel gegen Kopfschmerzen und Ermüdungserscheinungen her. Auf dieser Mischung baute das Getränk auf, dessen Rezept immer streng geheim gehalten wurde! (Heute ist es mit dieser Geheimhaltung nicht besonders weit her, da die Inhaltsstoffe von „Coca-Cola", wie bei jedem Lebensmittel, deklariert werden müssen.)
Die Mixtur aus Heilkraft und Hochgefühl muss dem Getränk zu seinem Durchbruch verholfen haben. Man stand ja erst am Beginn pharmazeutischer Entwicklungen. „Aspirin" als Kopfschmerzmittel wurde erst zehn Jahre später entdeckt.
Ungefähr zwanzig Jahre später, 1906, wurden die Drogenanteile wie Kokain entfernt – außer Koffein durfte in dem Durstlöscher nichts mehr enthalten sein. Der Name blieb.

Heute wird dem Getränk selbst Koffein entzogen, und Zucker wird durch „diätetische" Austauschstoffe ersetzt.

Aber zurück zu den Anfängen: Bereits 1916 ging die Cola-Flasche in Serienproduktion. Das trug wohl auch zum Image der braunen Brause bei, denn schon bald gab es sie in den einzigartigen Cola-Flaschen, wie sie noch heute im Handel gebräuchlich sind. Als es 1919 in Amerika zur „Prohibition", einem Alkoholverbot, kam, wurde „Coca-Cola" binnen Kurzem zum Nationalgetränk.

Selbst in Deutschland, dem Land der Biere, konnte „Coca-Cola" ab 1929 sieghaft Einzug halten. Andere Cola-Getränke gab es bereits vorher in Deutschland. Der Kölner Fabrikant Karl Flach hatte „Coca-Cola", „the real thing", wie es heute in einer Reklame heißt, in Amerika kennengelernt. Das brachte ihn auf die Idee, eine eigene Cola zu vermarkten; er produzierte „Afri-Cola". In Detmold stellte eine andere Firma eine braune Limonade her, der sie den Namen „Sinalco-Cola" gab. Als 1929 die echte „Coca-Cola" nach Deutschland importiert wurde, war es noch schwierig, einen Absatzmarkt für die braune Brause zu finden. Aber die Zahlen stiegen von Jahr zu Jahr. Selbstständige Unternehmer (sogenannte Konzessionäre) vertrieben das neue Erfrischungsgetränk auf dem deutschen Markt. Übrigens war eine wichtige Stütze im deutschen Cola-Geschäft der Boxweltmeister Max Schmeling, der für seinen Ruhm mit einer Cola-Lizenz ausgestattet worden war.

Die Konzessionäre erhielten – so erzählt man jedenfalls – die Grundstoffe von der Muttergesellschaft in Amerika, füllten Zucker und Wasser dazu und vertrieben das fertige Produkt. Manche behaupten, das sei Teil der Legende, die sich um „Coca-Cola", „the Coke", rankt, und selbstverständlich sei von Anfang an das gesamte Getränk hier gebraut worden. Jedenfalls: Essen – als Stadt der Arbeiter – wurde *der* Standort für „Coca-Cola" in Deutschland. „Coca-Cola" war noch kein Freizeitgetränk, sondern wurde im Zusammenhang mit Arbeit und Produktivität vermarktet – nach dem Motto „Frisch ran mit Coca-Cola".

Freizeitgetränk wurde der Softdrink erst in der Wirtschaftswunderzeit. Der Slogan

„Mach mal Pause" markiert diese Wende, denn damit begann Cola zum Getränk der Pause, der freien Zeit zu werden, auch wenn diese Pause zunächst ja noch auf die Arbeitsfähigkeit hin ausgerichtet war.

Zunächst gab es, wie gesagt, Schwierigkeiten bei der Verbreitung der braunen Brause. Nicht nur, dass sich deutsche Bier- und Sprudelfabrikanten heftig gegen Cola wehrten. Beispielsweise musste das Koffein im Getränk deklariert werden, um bei den Olympischen Spielen in Berlin 1936 ausgeschenkt werden zu können. Die Gegner hofften, so das Getränk „seiner Unschuld zu berauben", sein Gesundheitsimage zu trüben und damit seinen Absatz zu mindern.

Nicht nur die deutschen Unternehmen machten mobil gegen den Konkurrenten. Es gab im „Dritten Reich" auch politische Widerstände gegen das „undeutsche" Getränk. Aber „Coca-Cola" wehrte sich erfolgreich mit patriotischer Werbung, der man schwerlich etwas entgegensetzen konnte.

1941 musste die Gesellschaft jedoch die Produktion in Deutschland einstellen – nicht weil sie verboten worden wäre, sondern weil der Zucker ausging. Zu der Zeit kam übrigens auch „Fanta" auf den Markt, auf Süßstoffbasis, wie sie heute als Light-Produkt gehandelt wird.

1945 wurden dann in der amerikanischen Besatzungszone acht Cola-Fabriken errichtet, die dafür sorgen sollten, dass die amerikanischen Soldaten mit „Coca-Cola" versorgt waren. Zucker wurde, obwohl immer noch knapp, in der nötigen Menge zur Verfügung gestellt. Vier Jahre später, 1949, kam das heißbegehrte Getränk wieder der Zivilbevölkerung zugute.

„Mach mal Pause, trink Coca-Cola", mit dieser Werbekampagne wurde Cola in der Mitte der 1950er-Jahre erst richtig populär. In der Wirtschaftswunderzeit bedeutete diese Pause mit „Coca-Cola" Zeit, sich zu stärken, von Ermüdungserscheinungen zu befreien und wieder frisch drauflos zu arbeiten.

„Coca-Cola" erfrischt, verhindert, dass man schlapp wird, macht mehr draus, „you can't beat the feeling" ... Sie kennen die Werbesprüche, die – Zeichen des Weltmarktes des Produktes und der Weltoffenheit seiner Genießer – häufig in Englisch gehalten sind.

„Coca-Cola" vermittelt den „American way of life", ein ganzes Lebensgefühl steckt in der Limonade. Der Hauptkonkurrent „Pepsi-Cola" hat, obwohl ebenfalls schon lange auf dem Markt und trotz hoher Verkaufszahlen, nie das gleiche Image erreicht.

Die „Coca-Cola" in der besonderen, gerippten Flasche mit Taille und Kronkorken wird zum Symbol für Kapitalismus und Jugendlichkeit, ja sogar, wie es auf einer Konzessionärsversammlung in der Nachkriegszeit heißt, zum Symbol für Demokratie: „(…) wenn wir an die Demokratie denken, denken wir an Coca-Cola." *Jeder* trank Coke – vom Präsidenten bis zum Arbeiter, vom Filmstar bis hin zum Landstreicher. *Überall* trank man „Coca-Cola", das mittlerweile in alle Welt exportiert wurde – überall mit demselben Namen, demselben Erscheinungsbild, derselben Werbung.

1963 gab es den Softdrink zum ersten Mal in der Büchse. 1982 wurde die „Cola light" eingeführt. Zunehmend wird das Getränk vom Jugendgetränk zum alterslosen Trinkgenuss stilisiert.

112

Anregungen zum Weiterdenken

• Erinnern Sie sich an Ihre erste „Coca-Cola", an Werbung, an Schlager, in denen das Getränk eine Rolle spielte?

• Wie war das nach dem Krieg: Wann gab's bei Ihnen wieder die erste Cola?

• Welche Preise musste man für Cola in den 1930er-Jahren, in Ihrer Jugend, heutzutage zahlen?

• Wissen Sie, wann der Markenschutz für Cola fiel?

Alltagsgeschichten
Klara H. – ein Kind der Weimarer Republik

Von Vater, Mutter und Bruder

Klara H. wurde am 5. Mai 1914 in Düsseldorf geboren und wuchs dort mit Vater, Mutter und einem Bruder auf.

Ihr Vater, Jahrgang 1882, hatte ursprünglich ein Handwerk gelernt: Er war Steindrucker von Beruf. Als „fahrender Geselle" kam er aus seiner Heimat Sachsen ins Rheinland. Dort gab es sichere Arbeit bei der Eisenbahn. Er wurde Beamter. In der Ausbildung zum Lokomotivführer verletzte er sich bei einem Unfall so, dass er Frühinvalide wurde. Er erhielt von der Eisenbahn eine kleine Unfallrente. Damit hatte die Familie ihr Auskommen und konnte, wenn auch bescheiden, gut leben. Unter den Hausbewohnern, die alle „Eisenbahner" waren, herrschte große Solidarität. Man unterstützte sich gegenseitig, wo immer es ging. Da der Vater trotz seiner Behinderung in der Lage war, einen Schrebergarten zu pflegen, konnte er über die Rente hinaus zur Versorgung der Familie beitragen.

Die Mutter, Jahrgang 1889, wuchs in einem Düsseldorfer Waisenhaus auf, das von katholischen Schwestern geführt wurde. Sie „heiratete vom Waisenhaus weg", wie Klara H. meint, war aber bei ihrer Hochzeit mit dem Eisenbahner aus Sachsen immerhin 24 Jahre alt.

Klara H. hatte nur einen Bruder, der sieben Jahre jünger war als sie. Ihrer Meinung nach war das für die kleinbürgerlichen Familien dieser Zeit bereits die übliche Kinderzahl: zwei, drei Kinder. In der kleinen Siedlung des Eisenbahnerbauvereins in Düsseldorf jedenfalls hatten nur die polnischen Familien mehr Kinder. Im Unterschied zu Arbeiterkindern, in deren Familien Krankheiten wie Schwindsucht und Blutspucken verbreitet waren, hatte Familie H. ein bescheidenes Auskommen, das den Kindern ein gesundes Aufwachsen ermöglichte.

Wohnen – Raum ist in der kleinsten Hütte

Die Familie H. lebte in einem Haus des Eisenbahnerbauvereins, in dem „kleine Beamte" der Eisenbahn wohnten. Dieser Umstand bot der Familie Sicherheit, eine für damalige Verhältnisse solide Wohnsituation und ein Leben in der Gemeinschaft der Eisenbahnerfamilien, in der man einander kannte und sich gegenseitig unter die Arme griff.

Die Wohnung hatte drei Zimmer. Es gab die Küche, in der sich das Alltagsleben abspielte, da sie als einziger Raum dauernd beheizt war. Das Wohnzimmer mit dem Erker wurde vor allem in der Dämmerstunde genutzt. Es war dann noch hell genug, einander zu sehen, aber noch nicht so dunkel, dass man das Licht hätte anschalten müssen. Die Familie kam zusammen, um zur Mundharmonika zu singen. Auf diese Weise saß man gemütlich beieinander und sparte gleichzeitig Strom. Im Schlafzimmer stand neben den Ehebetten der Eltern ein Eisenbett, zuerst für Klara, dann für den kleinen Bruder. Klara H. schlief im Wohnzimmer. Im Sommer machte sie dort an einem Tisch im Erker auch die Schulaufgaben. Im Winter saß sie dazu in der geheizten Küche. Ansonsten nutzte die Familie das Wohnzimmer eher feiertags und sonntags; guten Gewissens eingeheizt wurde aber nur an Weihnachten. Natürlich gab es da im Winter an den Fenstern von Schlaf- und Wohnzimmer Eisblumen. Da das Schlafzimmer unbeheizt war, gab es, wenn es kälter wurde, drei Schamottsteine mit ins Bett. Und Klara H. erinnert sich an die riesigen Federbetten und die Wolldecke, die sie hatte, damit sie einigermaßen warm schlafen konnte. „Der kalte Atem stieg hoch", sagt sie.

Als Klara H. älter wurde, kam sie zum Schlafen in die Mansarde. Die Familien im Haus teilten die Mansardenzimmer für die älteren Kinder nach Bedarf unter sich auf. Toiletten gab es dort nicht, und die Kinder wuschen sich natürlich in der Wohnung. Da das aber bei allen so war, fiel es nicht ins Gewicht. Man war froh über die zwölf Quadratmeter eigenes Reich, in das Bett, Tisch, Stuhl, Schrank und Kommode hineinpassten. Klara H. erinnert sich, dass später der

Bruder die Mansarde bezog. Auch der Vater schlief nicht immer im Schlafzimmer. Er kämpfte mit einer chronischen Bronchitis, weil er das rheinische Klima nicht vertrug, und schlief daher oft auf dem Sofa im Wohnzimmer.

Die Wohnung war ursprünglich mit Gasbeleuchtung ausgestattet, wurde dann aber, als Klara H. Schulkind war, also in den frühen 1920er-Jahren, elektrifiziert. Klara H. erinnert sich, dass sie sich einmal in der Woche in der Zinkbadewanne in der Küche badete. Mitte der 1920er-Jahre erhielt die Wohnung ein eigenes Bad, das in die Vorratskammer eingebaut wurde. Der Badeofen wurde mit Brikett geheizt und bescherte der Familie H. ein Bad mit fließend heißem Wasser. Die Familie war ganz stolz auf diese damals durchaus nicht übliche Errungenschaft!

Haushalt – eine Hand wäscht die andere

Bei Familie H. war Wäsche ein großes Thema. Unter dem Dach neben den Mansardenzimmern für die Kinder lag die Waschküche des Hauses. Unter den Eisenbahnerfamilien ging eine Karte rund, auf die sich die Frauen alle sechs bis acht Wochen eintrugen, wenn sie die Waschküche belegten. Alle Familien hatten in der Mansarden-Waschküche eigene Waschmaschinen, Halbautomaten mit Schwengel. Der Bottich zum Kochen der Wäsche wurde gemeinsam benutzt. Drei Tage hatte man Zeit für die Wäsche. Ein großer Fortschritt war gegen Ende der 1920er-Jahre die Mangel, die an die Waschmaschine angeschraubt wurde und das Auswringen der Wäsche erleichterte. Getrocknet wurde auf dem Speicher, der sich an die Mansarde anschloss.

Von Vorteil für alle Familien des Hauses war die Tatsache, dass alle ein Handwerk gelernt haben mussten, ehe sie bei der Eisenbahn ausgebildet wurden. Für Reparaturarbeiten, Ein- und Umbauten bewährte sich dieses handwerkliche Geschick in den Haushalten aller Bewohner. Ein Schlosser hatte zum Beispiel die Idee, an die Waschmaschine einen Wassermotor anzuschließen, der das Bewegen der Wäsche übernahm. Alle Hausbewohner waren Nutznießer dieser arbeitserleichternden Erfindung.

Gebügelt wurde die Wäsche in der Wohnung, zuerst mit einem Eisen vom Ofen, später mit einem elektrischen Bügeleisen.

Neben dem Brikettofen gab es bereits einen Gasherd mit drei Flammen zum Kochen und zum Backen. Die Mutter von Klara H. war allerdings keine gute Köchin. Überhaupt war der Haushalt nicht ihre große Stärke, allerdings nähte sie hervorragend. Auch hier half die Solidargemeinschaft der Eisenbahnerfrauen, und Mutter H. machte aus der Not eine Tugend. Sie erwirtschaftete mit ihrer Nähkunst einen kleinen Nebenverdienst für die Familie, und wenn sie für die Lokführerfrauen im Haus nähte, revanchierten sich diese wiederum mit einem zubereiteten Essen. Auch Klara H. trug mit ihren Möglichkeiten zur Auffrischung der Haushaltskasse bei. Sie häkelte zum Beispiel in der Weihnachtszeit Schlummerrollen und Kissen, „das gab immer fünf Mark". Als gute Schülerin erteilte sie außerdem regelmäßig Nachhilfeunterricht. Durch die frühe Invalidität des Vaters gab es nie besonders viel Geld im Haus H., aber darben musste niemand. Für die Ernährung der Familie gab es den Schrebergarten. Er trug so viel, dass der Vater die drei Häuser der Eisenbahner versorgen konnte.

Konfession – das Zünglein an der Waage

Die Eltern von Klara H. waren unterschiedlicher Konfession, der Vater evangelisch, die Mutter katholisch. Dieser für die damalige Zeit sehr ungewöhnliche Umstand beeinflusste Kindheit und Schulzeit von Klara H. entscheidend. Ihr wurde beispielsweise beigebracht, in der katholischen Schule den evangelischen Vater nicht zu erwähnen. Klara H. erzählt von einem Fehltritt, der sich ihr einprägte: Zum Namenstag gab es in der Schule immer ein Heiligenbildchen. Die Katholiken feierten selbstverständlich nur den Namenstag und nicht den Geburtstag. Im gemischtkonfessionellen Haus der H.s wurde beides gefeiert. Da nun der Namenstag in die Sommerferien fiel, wollte Klara ihr Bildchen zum Geburtstag – zum schieren Entsetzen der Lehrerin. Die Eltern gerieten darüber in Panik, fürchteten um den weiteren Schulbesuch der Tochter. Heute kaum vorstellbar! Zwischen der evangelischen und katholischen Volksschule gab es noch ein Mäuerchen, über das man nicht hinüberdurfte. Das brachte den Vater auf die Idee, seine Tochter auf die „weltliche Schule", eine konfessionell nicht gebundene, städtische Schule zu schicken. Daraufhin nahm die katholische Mutter die Geschicke der Tochter in die Hand. Sie sprach bei den Schwestern vor, in deren Waisenhaus sie aufgewachsen war. Ihre Tochter sollte das von den Schwestern geführte Lyzeum besuchen. Sie erreichte, dass Klara aufgenommen wurde. Klara erhielt nach einem halben Jahr zunächst ein halbes Stipendium, dann eine Freistelle, die ihr den Besuch der katholischen Schule ermöglichte. Das Schulgeld von 25 Mark hätte Familie H. auf die Dauer nicht bezahlen können. Wie so manches bei Familie H. war es eine Besonderheit, dass die Eltern der Tochter diese Ausbildung ermöglichten! Für Jungen in ihrer Nachbarschaft war es nichts Besonderes, erinnert sich Klara H., auf ein Gymnasium geschickt zu werden. Aber für Mädchen war das längst noch keine Selbstverständlichkeit. Sie machten normalerweise den Volksschulabschluss und lernten dann – vor allem im städtischen Bereich – die Haushaltung bei Schwestern der (evangelischen) Diakonie oder bei katholischen Ordensschwestern, „weil sie ja doch heirateten". Der Vater von Klara H. sagte: „Wo steht denn geschrieben, dass Hausfrauen nicht eine bestimmte Bildung haben können?" Nicht einmal die Verwandtschaft konnte das nachvollziehen!

Politik – leben mit Gegenwind

Vor allem durch den Vater kamen Freiheiten in das Familienleben, die der Mutter nicht immer gefielen. Schmetterte der Vater bei der abendlichen Singstunde die „Internationale", stimmte die Mutter, die besser singen konnte, ein frommes „Dies irae" an, Relikt ihrer „Klosterzeit". Sie fürchtete wohl ein bisschen, dass die Nachbarschaft auf den „unchristlichen" Gesang aufmerksam werden könnte. Auch bei politischen Gesprächen der Männer durfte Klara – zum Leidwesen der Mutter – dabeistehen. Ansonsten hieß es meist: „Wo Erwachsene reden, haben Kinder nichts zu suchen!" So wurde Klara H. in zwei Welten groß: Die eine war geprägt durch die katholische Schule und die Mutter; hier herrschten Konventionen, Autorität, Ordnung, Sparsamkeit. Die andere Welt, die des unkonventionellen Vaters, vermittelte Weltoffenheit und Freizügigkeit. Lesen gehörte selbstverständlich zum Familienalltag. Nein, eigentlich müsste man sagen: zu Vater und Tochter. Denn das Lesen kam durch den Vater in die Familie, der eine Leseratte war, sicher auch ein Tribut an seine Invalidität. Zeitung und Bücher jedenfalls spielten eine große Rolle in der Kindheit von Klara H. Sie durfte alles, was Buchstaben hatte, lesen, ohne Unterscheidung der Inhalte. Die Zeitung im Haus, das war nicht das katholische Blättchen, das sich vielleicht die Mutter gewünscht hätte, sondern der sozialdemokratische „Vorwärts". Fürs Lesen wurde sogar am Licht nicht gespart, obwohl das Sparen sonst sehr ernst genommen wurde. Klara H. besaß drei Bibliothekskarten, um günstig an Bücher heranzukommen.

Zurück zum Werdegang von Klara H.: 1934 absolvierte sie ihr Abitur als Beste ihres Jahrgangs. Man legte ihr nahe, Mathematik zu studieren. Aber der Zugang zum Studium blieb ihr trotz bester Noten verstellt. Zu ihrem großen Leidwesen erhielt sie die „politische Hochschulreife" nicht, die 1934 unabhängig von Noten die Voraussetzung dafür war, einen Studienplatz zu bekommen. Die politische Haltung des Vaters allein war bei dieser Entscheidung der Schulleitung wohl nicht ausschlaggebend gewesen. Klara H. vermutet, dass ihre Familie weder katholisch noch reich genug war, um dieses Zeugnis zu bekommen, das nur eine aus dem Jahrgang erhalten konnte. Zur Ironie des Schicksals gehört es, dass Klara H. hätte studieren können, wäre sie ein Jahr früher fertig gewesen. Denn 1933 gab es diese „politische Hochschulreife", ein Zeugnis über die politische Opportunität der Studienbewerber, noch nicht. Dieses eine entscheidende Jahr verlor sie dadurch, dass ihr Vater sich am passiven Widerstand der Eisenbahner beteiligt hatte. 1923 hatten die Eisenbahner gegen die belgisch-französische Besatzung des Rheinlands Widerstand geleistet. Die Eisenbahnerfamilien wurden deshalb ausgewiesen. Von heute auf morgen mussten sie ihre Wohnungen räumen. Sie wurden nach Wuppertal gefahren und dort von der Eisenbahndirektion im Land verteilt. Familie H. kam zuerst nach Westfalen, wo man sie aber nicht aufnahm, weil die neunjährige Klara und ihr zweijähriger Bruder sich nicht zum Einsatz in der Landwirtschaft eigneten. Schließlich landeten sie bei einem Bauern in Eslohe; die Mutter konnte sich aufgrund ihrer Fähigkeiten im Nähen andienen. Aber sie bekamen nicht genug zu essen. Klara H. machte sich über das Fressen des Hofhundes (Kartoffeln und Soße) her, um ihren Hunger zu stillen. Als der Vater davon erfuhr, schickte er die Familie in seine Heimat Sachsen. Klara und ihre Familie waren dann über ein Jahr bei ihrer Großmutter in Engelsdorf in Sachsen. Dort nahm Klara – unregelmäßig – am Unterricht der mehrklassigen Dorfschule teil. Obwohl sie schon seit mehr als einem Jahr das Lyzeum besucht hatte, bereitete es ihr Mühe, dem Unterricht der Volksschule zu folgen, „so gut war der Unterricht". Als die Familie nach Düsseldorf zurückkehrte, wäre Klara H. gern wieder in ihre frühere Klasse gekommen, was aber nicht ging, weil in ihrer Schule bereits neben Deutsch Französisch unterrichtet wurde. Klara H. fehlten die nötigen Sprachkenntnisse in Französisch und die Übung im Schreiben der lateinischen Schrift, die im Französischunterricht verwendet wurde. Die Schwestern empfahlen ihr, im Jahrgang darunter wieder einzusteigen. Dieses verlorene Jahr kostete sie also 1934 die Studienmöglichkeit.

Der Beginn des Nationalsozialismus markiert das Ende der Kindheit und Jugend von Klara H.

Handgeschriebene Erinnerungen von Herlinde Wilhelmine Meiers[13]

Herlinde Wilhelmine Meiers, geboren am 1. November 1923 in München, gestorben am 9. Oktober 1994 in Krefeld, war Einzelkind und hat bis 1934 mit ihrer Mutter und einem Onkel bei ihrer Großmutter in München in der Ligsalzstraße gewohnt. Ihre Mutter hat bei Siemens im Büro gearbeitet; 1934 hat sie geheiratet und die neue Familie ist bei der Großmutter aus- und in eine eigene Wohnung in München eingezogen. Herlinde ist vom neuen Mann der Mutter angenommen worden und trug nach der Heirat dessen Namen Arnold.

Herlinde besuchte mit fünf Jahren ein Jahr lang einen Kindergarten, später eine evangelische Volksschule und danach die Grotschule in Pasing, das war ein evangelisches Mädchenlyzeum. In der Hitlerzeit musste sie ein halbes Jahr in einer Haushaltsschule und ein halbes Pflichtjahr bei einer kinderreichen Familie absolvieren. Danach besuchte sie eine Handelsschule in München und begann später eine Lehre bei einem Optiker, bei dem sie bis zu ihrer Heirat tätig war.

Verheiratet war sie mit dem Musiker Josef Meiers, ebenfalls aus München, zuletzt Fagottist im Opernorchester der Deutschen Oper am Rhein. Nach dem Krieg wanderte das Ehepaar zunächst nach Brasilien aus, kam dann aber nach einigen Jahren wieder zurück nach Deutschland. Das Paar hat zwei Söhne, die in den 1950er-Jahren geboren sind.

Für den ältesten Sohn hat sie 1980–1984 ihre Erinnerungen aufgeschrieben (sie reichen von der Kindheit bei der Oma bis in die allerersten Anfänge der Kriegszeit, in denen München noch nicht bombardiert wurde).

Wohnen in der Kinderzeit

München, Ligsalzstraße 37/III – das war von da ab, wo ich mich erinnern kann, bis zum April 1934 meine Adresse. Ein ziemlich altmodisches (schon damals!) Zuhause, aber mit vielen, vorwiegend heiteren Erinnerungen verbunden. Meine Großmutter war die Mieterin, und Mutti, Onkel Albin und ich wohnten bei ihr. Unten im Haus war ein Kramerladl, so eines, wie es sie heute gar nicht mehr gibt. Der untere Hausflur war mit Mosaiksteinchen gepflastert, mit einem Ornament ringsherum und SALVE in der Mitte. Das Treppengeländer war aus Eisen geschmiedet mit einem hölzernen Handlauf und unten am letzten Pfosten war ein großer runder Messingknauf. Wenn man nicht rechtzeitig bremste, tat es ganz schön weh, wenn man beim Runterrutschen mit der Rückseite auf diesen Knopf sauste.

Auf dem Halbstock war jeweils das Klo von der linken Wohnung (welche im 3. Stock wir bewohnten). Es war zwar schon ein WC, aber noch mit einem Holzsitz über die ganze Raumbreite, wie früher in den Plumpsklos. Im Winter war es ganz schön kalt und manchmal war es eingefroren, dann machte sich mein Onkel mit der Lötlampe ans Auftauen, wobei Oma immer Angst hatte, dass was kaputtgeht.

Im 1. Stock wohnte der Hausbesitzer mit Familie. Und da sie das ganze Stockwerk für sich hatten, auch schon ein Bad eingerichtet, war vor dem 1. Stock auf dem Halbstock kein Klo nötig. Da war „die Grotte". Hinter einem Türrahmen mit Gitter war der ganze kleine Raum mit Gipsfelsen ausgestattet und in der Mitte stand eine Madonna in Weiß und Blau, von Kunstblumen umgeben, und von der Decke hing ein rotes Lämpchen als Ewiges Licht. Als Kind fand ich das richtig schön.

In der Wohnung kam man zuerst in den „Vorsaal", wo sowohl die Garderobe als auch der „Brunnen" (ein gusseiserner Ausguss mit Wasserhahn drüber) war. Die Tür zur Küche war immer offen, denn in der Küche gab es kein fließendes Wasser, so war der Vorsaal mit in die Küche einbezogen.

In der Küche war ein großer weißblauer Kachelherd mit Kupferrand, der aber, soviel ich mich erinnere, nie in Betrieb war. Es stand ein zweiflammiger Gaskocher drauf, auf dem im Sommer gekocht wurde. Im Winter wurde nur drauf angekocht und die Töpfe zum Weiterkochen auf den Sesselofen im Wohnzimmer gestellt. *(Anm.: Der Sesselofen war ein zweistufiger Kachelofen, auf der ersten Stufe wurde gekocht, mit der zweiten Stufe geheizt.)* Da drin wurde auch der Stahl für das Bügeleisen glühend gemacht und mit dem Schürhaken wieder rausgeholt. Im Sommer wurde bereits elektrisch gebügelt mit einem schweren Eisen. Das wurde in ein Zwischenstück von der Glühbirnenfassung eingesteckt. Wenn es zu heiß wurde, wurde es ausgesteckt und so weiter. Steckdosen gab es noch nicht. In der Küche war sogar noch Gaslicht, im Vorsaal gar keines, auch im Schlafzimmer nicht. Nur im Zimmer von meinem Onkel war elektrisches Licht.

Von der Küche aus ging's auf den Balkon. Im Sommer stellte meine Oma manchmal eine große Zinkwanne mit Wasser auf den Balkon, und da drin konnte ich dann plantschen.

Im Wohnzimmer gab es ein Vertiko, das mein Onkel immer noch hat, einen hohen Spiegel auf gedrechselter Etagere, ein rotes Plüschsofa, Tisch und Stühle, über dem Tisch eine große Zuglampe und eben den grünen Sesselofen.

Gewaschen hat man sich in der Küche in einer großen Porzellanschüssel. Gegessen wurde immer im Wohnzimmer. Krautkrapfen und Linsensuppe waren meine Leibspeisen. (...)

Mutti ging ja zu Siemens ins Büro (circa eine Dreiviertelstunde zu Fuß und nur bei schlechtem Wetter mit der Trambahn). Am Zahltag brachte sie mir immer eine Kuchenschnitte von einem bestimmten Bäcker mit. So war ich die Woche über in Omas Obhut. Am Samstagnachmittag und Sonntag ging Mutti mit mir fort: in den Englischen Garten, wo es beim Milchhäusl ein Topfenbrot gab und wo ich gerne mal eine Nachtigall singen hören wollte. Oder ins Isartal, um die schöne Herbstfärbung zu sehen, was allerdings etwas problematisch war, weil ich die lange Trambahnfahrt nach Grünwald nur schlecht vertrug. Oder wir gingen ins Nationalmuseum zur Krippenausstellung oder am Karfreitag in den katholischen Kirchen die Gräber anschauen. Vor Weihnachten durfte ich auch immer mit Mutti ins Theater zum Weihnachtsmärchen, was ein großes Erlebnis war. Es gab ja damals noch

134

nicht mal ein Radio, ein paar Leute hatten ein Detektorradio, wir nicht. So saßen wir abends unter der großen Lampe im Wohnzimmer und Mutti brachte mir Sticken, Stricken und Häkeln bei, und dabei redete man halt oder man las.

Ich kann mir noch vorstellen, wie Oma mich morgens aus dem Bett holte und aufs Sofa stellte. Da betete ich zuerst: „Gesund bin ich vom Schlaf erwacht, / Dir, lieber Gott, sei Dank gebracht. / Behüt mich auch an diesem Tag, / dass mir kein Leid geschehen mag." Dann zog sie mich an. Nach dem Mittagessen spülte sie in einer großen Emailleschüssel ab. (In dieser wurde vor Weihnachten auch der Stollenteig gemacht. Die Stollen wurden zum Bäcker zum Backen gebracht.) Das gespülte Geschirr kam in die Ablaufschüssel. Dann legte oder setzte sie sich aufs Sofa zum Mittagsschlaf. Danach gingen wir in den Ausstellungspark, wo Oma auf der Bank mit den Leuten ins Gespräch kam und ich im Sandkasten spielte. Vormittags spielte ich mit anderen Kindern im Hof.

(...)

Schulzeit

Da ich evangelisch war, durfte ich nicht mit meiner Freundin Frieda in die Riedlerschule gehen, sondern musste in die Schwanthalerschule, wo im Erdgeschoss und 1. Stock die katholische und im 2. und 3. Stock die evangelische Schule war. (...) Morgens holte die Lehrerin immer die Geige aus dem Schrank und spielte den Choral mit, den wir sangen. Es wurde immer vor und nach dem Unterricht gebetet. Mittwoch und Samstag war nachmittags frei, sonst hatte man auch nachmittags von 14 bis 16 Uhr Schule. Lesen konnte man aus der Fibel, mit i, n, m, u ging's los. Aber ich glaube, man hat es schneller und sicherer gelernt als mit den neuen Methoden heute. Schon in der 2. Klasse schrieb man Nacherzählungen (z. B. aus dem *Schatzkästlein* von Joh. P. Hebel). (...)

In der 3. und 4. Klasse bekam sie dann einen strengen Oberlehrer:
Der Oberlehrer war so streng, dass es eine Qual war. Man lernte zwar sehr viel und gründlich bei ihm, aber bei der kleinsten Ver-

fehlung gab es Tatzen mit dem Lineal oder andere Grobheiten. Die Buben bekamen „Übergelegte". Einmal bekam ich sie mit dem Lineal, sodass meine Hand geschwollen war, weil ich beim Schönschreiben einen Buchstaben nicht richtig geschrieben hatte. (...)

Nach der 4. Klasse kam Herlinde auf die Grotschule, das war ein privates evangelisches Mädchenlyzeum im Villenviertel von Pasing. Sie wurde über Beziehungen der Familie Arnold (ihr neuer Vater) angenommen und besuchte die Schule fünf Jahre lang bis zur 9. Klasse. Der Weg von der Westendstraße dahin war lang, sie musste um 7.10 Uhr aus dem Haus und ein Stück mit der Bahn fahren.

Eine Turnhalle hatten wir keine. Wenn es im Sommer mal regnete, wurde im Physiksaal, der auch der Handarbeitsraum und die Aula war, Gymnastik gemacht. Im Winter durften wir als Gäste in die Turnhalle bei den Englischen Fräulein, einer Klosterschule. Die Turnhalle war wirklich gut, mit allen modernen Geräten. Aber es hingen in der

Garderobe auch die Turnanzüge der Schülerinnen: lange schwarze Pumphosen und darüber schwarze Kittelkleider mit langen Ärmeln und weißen Kragen!

Die Grotschule war ziemlich anders als die anderen Schulen. Klassenstärke circa 25 Schülerinnen. Wenn man kam, musste man unten in der Garderobe erst Haus- oder Turnschuhe anziehen, da überall helles, schönes Parkett war. Die Mädchen der Oberklasse waren „Klassmütter" bei den Kleineren. Sie waren vor dem Unterricht in der Klasse, kümmerten sich in der Pause um „ihre" Kinder und so weiter. Dann gab es „Bahnmütter". Die meisten Kinder kamen mit der Bahn, und die Bahnmutter musste da ein Auge auf ihre Schäflein haben. Man stieg immer in denselben Zug in denselben Wagen. Das Ganze war aber kein lästiges Aufpasssystem, sondern ein ganz lockeres Einanderhelfen.

Zur Direktorin sagte man „Tante Lu". Wenn einem schlecht war, durfte man sich bei Fräulein Schneider, der Sekretärin, aufs Sofa legen. Das Klo hieß als Pilgerort „Mekka". In der Klasse gab's verschiedene Zeichen, um sich zu melden. Normalerweise ganze

Hand. Zeigefinger hieß: Ich will das soeben von jemand Gesagte verbessern. Faust: Ich will noch was dazu sagen. Und zwei Finger: Ich will was fragen. Fragefinger hatte absoluten Vorrang. Und das Einzige, was schlimm war, war, wenn man etwas nicht kapiert hatte und man nicht gefragt hat. (…) Ich glaube, wir haben schon gelernt, was nötig war, aber es ist nie in Stress ausgeartet. (…)

Übrigens musste man damals fürs Lyzeum und Gymnasium 20 RM Schulgeld monatlich zahlen. Zuerst hatte ich Schulgeldermäßigung und brauchte nur 10 RM zu zahlen, weil Vati damals 280 Mark verdiente. Aber als ich dann mal in Fleiß und Betragen eine 3 hatte, mussten die Eltern wieder den vollen Betrag zahlen. Ich hab dann immer zwischen 2 und 3 gependelt. Wenn ich eine 3 hatte, strengte ich mich an, wenn ich eine 2 hatte, meinte ich, nun ist's genug, und prompt hatte ich dann wieder eine 3. So haben die Eltern gar keinen Antrag auf Ermäßigung mehr gestellt. Wenn ich eine Moralpredigt bekam, meinte ich immer, es sei doch besser, in Fleiß eine 3 und den Fächern eine 1 oder 2 als umgekehrt. Dies Argument kam auch etwas an. (…)

Herlinde beschreibt dann noch ganz ausführlich ihre Abschlussprüfung: Fächer und Themen.

Kriegszeit

1939 wusste Mutti als Erste von uns, dass es auf einen Krieg zugeht. Sie hamsterte Mehl, Zucker, Kernseife, Hülsenfrüchte, halt haltbare Sachen. Das war natürlich verpönt und wir schämten uns und machten ihr Vorwürfe. Später waren wir froh darüber. (…)
Alle Mädchen mussten nach der Schule ein Pflichtjahr bei einer kinderreichen Familie machen. Der Besuch einer bestimmten Haushaltsschule wurde als halbes Pflichtjahr angerechnet. So kam ich also in diese Haushaltsschule.

Herlinde beschreibt, dass sie da mit Ellis Kaut, der späteren Schauspielerin und Erfinderin von Pumuckl, zusammentrifft. Dass wenige Monate später der Krieg ausbricht und die Haushaltsschule zu einem Lazarett umfunktioniert wurde.

Nach der Haushaltsschule begann also das Pflichtjahr, das bei mir ein halbes war. Im Nebenhaus wohnte eine Familie mit drei Kindern, einem Vierjährigen und Zwillingen, die gerade ein Jahr alt waren. Es hat mir gut gefallen und ich meine auch heute noch, dass mir diese Zeit gutgetan hat. Da bin ich von der dummen Gans zum Menschen geworden, denn ich hatte viele Aufgaben. Wir machten die Arbeiten gemeinsam. Nachmittags fuhr ich die Kinder spazieren. Ich schlief auch bei der Familie. Abends erzählte ich dem Vierjährigen Märchen oder las ihm vor aus einem Buch, das ich zu diesem Zwecke eigens von Mutti bekommen hatte.

Sonntags hatte ich frei, Entlohnung war 10 Mark monatlich. Damals waren elf Jahre Schulpflicht. Da ich die noch nicht hinter mir hatte, musste ich einmal in der Woche in die Berufsschule gehen. Und da ich als Pflichtjahrmädel im Haushalt arbeitete, musste ich in diejenige für Hausangestellte gehen. (…) Anfangs kam ich mir wie im Kabarett vor und fand es in der Schule ungeheuer komisch, dann wurde es mir aber doch zu blöd. Frau H. *(Anm.: die Familienmutter, bei der Herlinde arbeitete)* schrieb mir auf meine Bitte häufig Entschuldigungen, dass ich krank sei oder sie. Lieber arbeitete ich, als mich dort zu langweilen.

Sie schreibt dann noch, dass sie nach dem Pflichtjahr die Handelsschule besuchte. Damit enden die Erinnerungen.

Das Leben kleiner Leute

Familienleben in Stolpmünde

Die Wäsche flatterte im Wind. Bald würde sie trocken sein und im Holzwagen zur Mangelstube gefahren werden. Das Hausmädchen Erna war mit von der Partie.

Heute war Großkampftag in der Waschküche. Die Wäsche musste in einem großen Zuber mit Kernseife gewaschen werden, das war immer sehr anstrengend und zeitraubend, aber einmal in der Woche musste es eben sein, die Familie war groß und Wäsche fiel immer an. Eine Waschmaschine gab es noch nicht.

Es war die Zeit der Weltwirtschaftskrise. Oma Frieda bekam immer weniger Lebensmittel, Brot, Eier und Gemüse für ihr Geld. Sie war eine sparsame Hausfrau, kochte Marmelade, machte Obst und Gemüse ein und füllte Gläser mit Hähnchenstücken, alles für die schlechten Zeiten, die noch kommen sollten. Die Familie schränkte sich ein. Jeden Samstag war großer Badetag, immer sehr aufwendig und mit viel Geschrei verbunden. In die Küche – das war der wärmste Raum der Wohnung – stellte Oma Frieda einen großen Zuber aus Aluminium. Kanne für Kanne heißes Wasser kam da hinein, noch etwas kaltes Wasser dazu, Letzteres ganz nach Gefühl, und dann durfte der Hahn im Korb, der Sohn Horst, als Erster hinein.

Doch die Freude, sich richtig ausstrecken zu können, währte nicht lange. Irma saß schon auf dem Küchenstuhl und wartete, bis auch sie ins Wasser durfte. Horst zwickte sie gleich ganz boshaft in die Seite, Oma schimpfte mit ihm, aber das sehr halbherzig, denn er war doch ihr kleiner Prinz. Als das Nesthäkchen Traute sitzen konnte, kam das kleine Mädchen dazu. Es war ganz aufgeregt und pinkelte schon mal ins Wasser. Das merkte aber niemand.

Der Frieden wurde jäh beendet, als es daran ging, die Haare zu waschen. Die Lauge mit der Kernseife brannte in den Augen der Kinder, und die Kanne mit warmem Wasser, die das Werk beendete und einen großen Schwall Wasser über die Köpfe fließen ließ, war auch nicht gerade angenehm.

So erfüllte bald ein ohrenbetäubendes Geschrei die ganze Wohnung. Oma Frieda hatte den Lärm schnell satt, sie war sowieso
nicht immer sanft und behutsam. Schnell
und leicht genervt beendete sie die Sams-
tagszeremonie.
Ein Kind nach dem anderen verließ, in ein
warmes Handtuch gehüllt und gut duftend,
das inzwischen kühle Wasser. Nur ein
Schmutzrand blieb im Zuber zurück.

Martina Freier[14]

Nachts im Ruhrgebiet

Oma Lotzi (geboren am 18.04.1913, gestorben am 26.03.1990) wohnte in der Grillo-
straße – im Herzen von Gelsenkirchen. Wenn
wir bei ihr übernachteten, bekamen wir mit,
dass sie nachts oft nicht schlafen konnte.
Und wenn wir wach wurden und nach ihr
schauten, dann lag sie im Nachthemd im
Küchenfenster und beobachtete die Ge-
schehnisse auf der Straße.
Ein Blick aus dem Fenster zeigte uns, dass

sie dabei nicht allein war. Entlang des langen Straßenzuges lagen in verschiedenen Fenstern Männer und Frauen mit seniler Bettflucht und frönten ihrem Hobby „Straße gucken". Oft lag da ein Kissen im Fenster parat, um beim Aufstützen ein bequemes Polster zu haben. Und die ganz Gewieften hatten sogar Spiegel an den Fenstern angebracht, die es ermöglichten, auch Winkel der Straße einzusehen, die sich sonst dem neugierigen Blick entziehen konnten. Diese Spiegel fielen des Nachts kaum auf; man sah sie eher am Tage, wenn man mal genauer hinsah.

Die Männer in Feinrippunterhemden und die Frauen mit den Kittelschürzen und den Lockenwicklern im Haar, so habe ich sie in Erinnerung noch in den Sechzigerjahren des 20. Jahrhunderts, wie sie einander grüßten oder auch mal ein paar Sätze austauschten.

Bettina Leweke[15]

Auf der Reise

Eine Dame, die allein reist, soll nicht in einem Rauchabteil fahren.

Herren, die mit Damen in einem Abteil fahren, müssen diesen beim Einsteigen, beim Fortlegen des Handgepäcks behilflich sein, ihnen gewünschte Erfrischungen auf den Zwischenstationen zureichen, überhaupt in jeder Weise zuvorkommend und höflich sein.

Ist zufällig eine leidende Person im Abteil, so gebietet der Takt den Mitreisenden, so viel wie möglich Rücksicht auf diese zu nehmen bezüglich Öffnen und Schließen der Fenster, Überlassen der bequemeren Plätze usw.

Ist das Abteil völlig besetzt, so soll man sich nicht zu breit machen.

Merkt man, dass einem Mitreisenden eine Unterhaltung nicht angenehm ist, so schweige man.

Reist man mit Kindern, so versuche man, ein Extraabteil zu bekommen. Ist dies unmöglich, so vermeide man Belästigungen der Mitreisenden durch die Kinder.

Scharfe Essenzen im Abteil in Anwendung zu bringen, ist rücksichtslos gegen die übrigen Mitreisenden.

Ein Herr soll eine ihm unbekannte Dame im Abteil nicht durch Blicke und sonstige Annäherungen belästigen.

Man hüte sich, im Eisenbahnzuge mit Fremden allzu schnell Bekanntschaft anzuknüpfen.

Geschäftsreisende mögen unterwegs, wenn sie nicht ganz unter sich sind, nicht zu viel von ihren Angelegenheiten ausplaudern.

Damen sollen auf der Reise ihre Ansprüche an Bequemlichkeit nicht in launenhafter Weise geltend machen.

Es ist gegen den guten Ton, unterwegs fortwährend zu essen.

Man soll seinen Mitreisenden von seinen Reiseessvorräten nur anbieten, wenn vorher eine lebhaftere Anknüpfung stattgefunden hat, und nach einmaliger Ablehnung keinen zweiten diesbezüglichen Versuch machen.

Man soll keinem der Mitreisenden anbieten, aus dem Glase zu trinken, welches man bereits benutzte.[16]

Anmerkungen und Textnachweise

1 Monika, Zeitschrift für katholische Mütter und Hausfrauen, 56, 1924, Nr. 11, S. 118.

2 Aus: Doktor Erich Kästners lyrische Hausapotheke, © Atrium Verlag, Zürich 1936 (ISBN 978-3-85535-370-5).

3 Walrat ist ein gereinigtes Wachsgemisch aus den Schädelhöhlen des Pottwals, eine weißliche Masse. Heute wird der Stoff synthetisch hergestellt.

4 Walter Kempowski, Uns geht's ja noch gold. © Albrecht Knaus Verlag, München, in der Verlagsgruppe Random House GmbH.

5 Haushalsträume. Ein Jahrhundert Technisierung und Rationalisierung im Haushalt. Begleitbuch zur Ausstellung. Bearbeitet von Barbara Orland. Königstein im Taunus 1990, S. 104.

6 © beim Autor.

7 Haushaltsräume, a. a. O., S. 117.

8 Erich Kästner, Als ich ein kleiner Junge war, © Atrium Verlag, Zürich 1957 (ISBN 978-3-7915-3010-9).

9 Max von der Grün, Wie war das eigentlich? Kindheit und Jugend im Dritten Reich. © Jennifer von der Grün.

10 Um das Thema Schule veranschaulichen zu können, haben wir Herrn Carl Cüppers aufgesucht. Er hat über viele Jahre hinweg eine reiche Sammlung von Dingen angelegt, die mit Schule

zu tun haben. Zwei voll ausgestattete Schulklassen sind heute u. a. Bestandteil der von ihm aufgebauten musealen Sammlung. Darüber hinaus stellt sie interessierten Menschen ein Archiv mit eindrucksvollen Dokumenten gelebter Schulgeschichte zur Verfügung.

11 Näheres zur geschichtlichen Entwicklung s. unter http://www.bfds.de.

12 „Wir gehen Kartoffelkäfer sammeln: Im letzten Jahr wurde auch in Deutschland der Kartoffelkäfer eingeschleppt, der großen Schaden anrichtet. Zur Sicherung der Ernährung müssen wir nun alles tun, um die Ausbreitung des Käfers zu verhindern. Da können wir Kinder uns sehr nützlich machen. So hat unsere Klasse jeden Dienstag einen Auftrag zu erfüllen, nämlich nach Gerresheim zu fahren und die Kartoffelfelder nach den schädlichen Käfern abzusuchen. Das ist immer ein Tag besonderer Freude. Am letzten Dienstag erlebten wir folgendes. Unser Treffpunkt war wie immer am Zoo. Von da geht es mit der (…).“

13 Handgeschriebene Erinnerungen von Herlinde Wilhelmine Meiers, geb. Arnold, transkribiert von Gabriele Klöckner, Geldern, © Gabriele Klöckner.

14 © bei der Autorin, in Anlehnung an ihren Roman „Der Vogel fliegt weiter“, SüdWestBuch Verlag, ISBN: 9783944264639.

15 © bei der Autorin.
16 Emma Kallmann, Der gute Ton. Handbuch der feinen Lebensart und guten Sitten, Berlin [24]1926, S. 68f.

Literatur- und Medienauswahl

Literatur

Alle mögen's weiß. Schätze aus der Henkel-Plakatwerbung. Düsseldorf (Henkel) o. J.

Carl Cüppers/Bernhard Weisgerber: Fibel, Schrift und Schule. Wie Kinder lesen und schreiben lernten. Schul-Heft 2. Hrsg. zur Eröffnungsausstellung des Schulmuseums (Sammlung Cüppers). Bergisch Gladbach 1989.

Die Große Wäsche. Landschaftsverband Rheinland, Rheinisches Museumsamt. Köln 1988.

Helmut Fritz: Das Evangelium der Erfrischung. Coca-Colas Weltmission. Reinbek bei Hamburg 1985.

Hermann Glaser/Thomas Röbke: Dem Alter einen Sinn geben. Wie Senioren kulturell aktiv sein können. Beiträge, Beispiele, Adressen. Heidelberg 1992.

Haushaltsträume. Ein Jahrhundert Technisierung und Rationalisierung im Haushalt. Begleitbuch zur Ausstellung. Bearbeitet von Barbara Orland. Königstein im Taunus 1990.

Cornelia Julius: Von feinen und von kleinen Leuten. Alltagsgeschichte in Lebensberichten aus den Jahren 1918–1931. Weinheim/Basel 1981.

Oikos. Von der Feuerstelle zur Mikrowelle. Haushalt und Wohnen im Wandel. Ein Katalogbuch zur gleichnamigen Ausstellung. Hrsg. von Michael Andritzky. Gießen o. J.

Klaus Schmidt: Kölns kleine Leute. Geschichten und Portraits. Köln 2011.

Volkskundliche Kommission (Hrsg.): Alltagsgeschichte in Bildern. Ab 2003 (bislang 7 Bände).

Tilman Winkler: Erzähl mir deine Geschichte. Lebenserinnerungen festhalten. Stuttgart 1994.

Wie die Frauen ihr Wirtschaftswunder erlebten. Perlon Zeit. Bilderlesebuch. Redaktion Angela Delille, Autorinnen Gisela Breitling u. a. Berlin 1985.

Medien

Elizabeth T. Spira, Alltagsgeschichten (DVDs), ORF-Shop.

www.bruehler-museumsinsel.de, Museum für Alltagsgeschichte.

www.mdr.de/damals – Zur Alltagsgeschichte im
Osten. Auch auf Facebook: www.facebook.com/
damals.

Abbildungsnachweise

S. 22: © abcmedia – Fotolia.com

S. 31: Monogrammschablone, 9,7 x 12,5 cm, ausgestanzt in verschiedenen Größen „SI" oder „SL", erste Hälfte des 20. Jh., Stadtgeschichtliches Museum Leipzig. Die Lizenzbedingungen für die Nutzung des Bildes sind einzusehen unter http://creativecommons.org/licenses/by-sa/3.0

S. 42: Quelle unbekannt.

S. 77, 82, 89, 94 und 95: © Schulmuseum Bergisch Gladbach – Sammlung Cüppers.

S. 101: Reklame der Firma „Erdal", 1926. Aus: Monika, Zeitschrift für katholische Hausfrauen und Mütter, 58, 1926.

Die Autorinnen

Eva Havenith, 1958–2011, Tätigkeiten als Museumspädagogin, Kommunikationsberaterin, Coach, Autorin

Ida Lamp, geboren 1961, Theologin, Koordinatorin eines Zentrums für ambulante Palliativversorgung, Künstlerin, Autorin